TALES

Histoires fantastiques

Short stories
Nouvelles

Sheridan Le Fanu

*

Nathaniel Hawthorne

*

Thomas Hardy

Présentation, traduction et notes
par
Henry Yvinec
Professeur agrégé d'anglais

POCKET

Langues pour tous

Collection dirigée par Jean-Pierre Berman,
Michel Marcheteau et Michel Savio

ANGLAIS Série bilingue

Niveaux : ❏ facile ❏❏ moyen ❏❏❏ avancé

Littérature anglaise et irlandaise

- **Carroll (Lewis)** ❏
  Alice au pays des merveilles
- **Cleland (John)** ❏❏❏
  Fanny Hill
- **Conan Doyle (Sir Arthur)** ❏
  Nouvelles (6 volumes)
- **Dickens (Charles)** ❏❏
  David Copperfield
  Un conte de Noël
- **Fleming (Ian)** ❏❏
  James Bond en embuscade
- **Greene (Graham)** ❏❏
  Nouvelles
- **Jerome K. Jerome** ❏❏
  Trois hommes dans un bateau
- **Kipling (Rudyard)** ❏
  Le Livre de la jungle (extraits)
- **Maugham (Somerset)** ❏
  Nouvelles brèves
- **McCall Smith (Alexander)** ❏
  Contes africains
- **Stevenson (Robert Louis)** ❏❏
  L'Étrange Cas du Dr Jekyll
  et de Mr Hyde
- **Wilde (Oscar)**
  Nouvelles ❏
  Il importe d'être constant ❏
- **Woodhouse (P.G.)**
  Jeeves, occupez-vous de ça ! ❏❏

Littérature américaine

- **Bradbury (Ray)** ❏❏
  Nouvelles
- **Hammett (Dashiell)** ❏❏
  Meurtres à Chinatown
- **Highsmith (Patricia)** ❏❏
  Crimes presque parfaits
- **Hitchcock (Alfred)** ❏❏
  Voulez-vous tuer avec moi ?
- **King (Stephen)** ❏❏
  Nouvelles
- **London (Jack)** ❏❏
  Histoires du Grand Nord
  Contes des mers du Sud
- **Fitzgerald (Scott)** ❏❏❏
  Un diamant gros comme le Ritz ❏❏
  L'Étrange Histoire
  de Benjamin Button ❏
- **Twain (Mark)** ❏❏
  Le long du Mississippi

Anthologies

- **Nouvelles US/GB** ❏❏ (2 vol.)
- **Ghost Stories** ❏❏
- **Nouvelles américaines classiques** ❏❏
- **Nouvelles anglaises classiques** ❏❏

Ouvrages thématiques

- **L'Humour anglo-saxon** ❏
- **300 Blagues britanniques et américaines** ❏❏

Autres langues disponibles dans les séries de la collection
Langues pour tous

ALLEMAND · AMÉRICAIN · ARABE · CHINOIS · ESPAGNOL · FRANÇAIS · GREC · HÉBREU
ITALIEN · JAPONAIS · LATIN · NÉERLANDAIS · OCCITAN · POLONAIS · PORTUGAIS
RUSSE · TCHÈQUE · TURC · VIETNAMIEN

© 2011, Éditions Pocket – Langues pour tous, département d'Univers Poche,
pour la traduction, les notices biographiques et les notes.
ISBN : 978-2-266-19815-8

Sommaire

- Comment utiliser la série « bilingue » 5

- SHERIDAN LE FANU 7
  Biographie et présentation 8
  Sir Dominick's Bargain 9
  Le Marché de Sir Dominick

- NATHANIEL HAWTHORNE 55
  Biographie et présentation 56
  Young Goodman Brown 57
  Le Jeune Maître Brown

- THOMAS HARDY 101
  Biographie et présentation 102
  The Withered Arm 103
  Le Bras atrophié

Professeur agrégé d'anglais, Henry Yvinec a enseigné l'anglais au lycée Hector-Berlioz de Vincennes et à Paris IV Sorbonne. Il est également lecteur aux Éditions Gallimard dans le domaine anglo-saxon.

Il a publié à ce jour :
- *Life in a Big Town* (Hachette)
- *Dictionnaire de l'anglais d'aujourd'hui,* en collaboration (**Pocket-Langues pour tous**).
- *Petite Grammaire pratique de l'anglais* (**Éditions Didier** où H. Yvinec dirige la collection des « Petites Grammaires pratiques » [allemand, espagnol, latin...]).

Dans la série bilingue **Pocket-Langues pour tous** :
- *Nouvelles anglaises et américaines d'aujourd'hui* (vol. II)
- *Nouvelles de Graham Greene*
- *Tales of the Devil*

Il dirige la collection monolingue *Lire... en...* au **Livre de Poche Hachette**.
Il a également publié *L'anglais par l'humour* dans les éditions **Assimil**.

Comment utiliser la série « bilingue »

La série bilingue anglais/français permet aux lecteurs :

- d'avoir accès aux versions originales de nouvelles célèbres en anglais, et d'en apprécier, dans les détails, la forme et le fond ;

- d'améliorer leur connaissance de l'anglais, en particulier dans le domaine du vocabulaire dont l'acquisition est facilitée par l'intérêt même du récit, et le fait que mots et expressions apparaissent en situation dans un contexte, ce qui aide à bien cerner leur sens. Cette série constitue donc une véritable méthode d'autoenseignement, dont le contenu est le suivant :

- page de gauche, le texte anglais ;

- page de droite, la traduction française ;

- bas des pages de gauche et de droite, une série de notes explicatives (vocabulaire, grammaire, etc.).

Les notes de bas de page aident le lecteur à distinguer les mots et expressions idiomatiques d'un usage courant, et qu'il lui faut mémoriser, de ce qui peut être trop exclusivement lié aux événements et à l'art de l'auteur.

Il est conseillé au lecteur de lire d'abord l'anglais, de se reporter aux notes et de ne passer qu'ensuite à la traduction ; sauf, bien entendu, s'il éprouve de trop grandes difficultés à suivre le récit dans ses détails, auquel cas il lui faut se concentrer davantage sur la traduction, pour revenir finalement au texte anglais, en s'assurant bien qu'il en a maintenant maîtrisé le sens.

Sheridan Le Fanu

Joseph Sheridan Le Fanu est né à Dublin en 1814 ; il y est mort en 1843. De vieille souche normande (ses ancêtres huguenots avaient émigré de Caen en Irlande lors de la révocation de l'édit de Nantes), il était le fils du doyen de l'église protestante irlandaise et l'arrière-petit-neveu de l'auteur dramatique Richard Brinsley Sheridan, connu notamment pour sa pièce ***The School for Scandal*** (*L'École de la médisance*). Il fit ses études de droit à Londres et à Trinity College, Dublin. Inscrit au barreau de cette dernière ville, il n'exerça jamais (ou très rarement) sa profession d'avocat. Journaliste, il a par contre publié de nombreux articles, en particulier dans le *Dublin University Magazine* dont il a été tour à tour le rédacteur et le propriétaire. Il a également écrit une quinzaine de romans – dont ***Uncle Silas*** qui passe pour son chef-d'œuvre (une adaptation théâtrale a été jouée au prestigieux *Shaftesbury Theatre* de Londres). On lui doit aussi une quarantaine de nouvelles, fantastiques pour la plupart (***Carmilla***, ***Green Tea***, ***The Familiar***, ***Mr Justice Harbottle***, ***The Room in the Dragon Volant***), dont certaines ont été adaptées pour le cinéma et la télévision, quelques ballades irlandaises, dont la plus célèbre est ***Shamus O'Brien***, et des poèmes.

Sir Dominick's Bargain est extrait du recueil intitulé ***The Haunted Baronet and Other Stories***. On y trouve nombre des éléments qui, selon le critique littéraire Roland Stragliati, « appartiennent en propre à Le Fanu, sa puissance de suggestion, son indéniable pouvoir d'envoûtement... un univers étrange, fascinant où se mêlent la démonologie, les spectres, l'assassinat... la sorcellerie, le folklore irlandais... ».

Sir Dominick's Bargain
A Legend of Dunoran

Le Marché de Sir Dominick
Une légende de Dunoran

In the early[1] autumn of the year 1838, business called me to the south of Ireland. The weather[2] was delightful, the scenery and people were new to me[3], and sending my luggage[4] on[5] by the mail-coach route in charge of a servant, I hired[6] a serviceable[7] nag[8] at a posting-house, and, full of the curiosity of an explorer, I commenced a leisurely[9] journey of five-and-twenty miles on horseback, by sequestered cross-roads, to my place of destination. By bog and hill, by plain and ruined castle, and many a[10] winding stream, my picturesque road led me.

I had started late, and having made little more than half my journey, I was thinking of making a short halt at the next convenient place, and letting my horse have a rest and a feed, and making some provision also for the comforts of his rider.

It was about four o'clock when the road, ascending a gradual steep[11], found a passage through a rocky gorge between the abrupt termination of a range of mountain to my left and a rocky hill, that rose dark and sudden at my right. Below me lay[12] a little thatched village, under a long line of gigantic beech-trees, through the boughs of which[13] the lowly chimneys sent up their thin turf-smoke. To my left, stretched away for miles, ascending the mountain range I have mentioned, a wild park, through whose sward and ferns the rock broke[14], time-worn and lichen-stained[15]. This park was studded with[16] straggling[17] wood, which thickened[18] to something like a forest, behind and beyond the little village I was approaching[19], clothing[20] the irregular ascent of the hillsides with beautiful, and in some places discoloured foliage.

---

1. **early** : **the early days of spring**, *les premiers jours du printemps.*
2. **weather** (intempéries) mais '**Time is money.**'
3. **new to me** : remarquez la préposition.
4. **my luggage is heavy** : **luggage** est un mot singulier.
5. **on** exprime la continuation ; **speak on** : *continue à parler.*
6. **hired** : **hire**, *louer* (voiture...), *employer* (qn à son service).
7. **serviceable** : *capable de rendre service, fonctionnel* ; **able to do**, *capable de faire.*
8. **nag** : *bidet, petit cheval de selle.*
9. **leisurely** : *fait sans se presser, à loisir* (**leisure**).
10. **many a** : *maint(e)* ; **a great many** : *beaucoup.*
11. **steep** est surtout adjectif : *escarpé, à pic.*
12. **lie, lay, lain** : *se trouver, être allongé/étendu* ; **lay, laid, laid** : *poser, mettre* (qch).
13. **the boughs of which** ou **whose boughs** (*dont* marquant la possession).

Au début de l'automne de l'an 1838, mes affaires m'appelèrent dans le sud de l'Irlande. Il faisait un temps magnifique. Le paysage et les habitants étaient nouveaux à mes yeux et, faisant suivre mes bagages, aux bons soins d'un serviteur, par l'itinéraire de la malle-poste, je louai une monture appropriée dans un relais et, plein de la curiosité de l'explorateur, j'entrepris, sans me presser, un voyage de vingt-cinq miles à dos de cheval, empruntant des chemins de traverse isolés qui me conduisirent jusqu'à mon lieu de destination. À travers marais et collines, par les plaines et les châteaux en ruine, suivant maints cours d'eaux sinueux, ma route pittoresque me conduisit vers mon but.

J'étais parti tard et, ayant accompli un peu plus de la moitié de mon voyage, j'envisageai de faire une courte halte au prochain endroit le plus propice, afin de permettre à mon cheval de se reposer et de se nourrir et à son cavalier de faire aussi quelques provisions pour son confort.

Il était environ quatre heures quand la route, montant peu à peu en pente raide, s'engagea, à travers une gorge rocheuse, entre l'extrémité abrupte d'une chaîne de montagnes, à ma gauche, et une colline rocailleuse qui se dressait, sombre, inattendue, à ma droite. Au-dessous, s'étalait un petit village aux toits de chaume, dominé par une longue rangée de hêtres gigantesques à travers les branches desquels les cheminées des humbles maisons crachaient leurs minces filets de fumée de tourbe. À ma gauche, s'étirait sur des miles et des miles, suivant la chaîne de montagnes que j'ai mentionnée, un parc laissé à l'abandon où affleuraient, parmi les herbes et les fougères, des roches usées par le temps et tachées de lichen. Ce parc était émaillé, ici et là, de longs bosquets qui allaient s'épaississant, telles des forêts, derrière le petit village dont j'approchais et au-delà, tapissant les pentes irrégulières des collines d'un beau feuillage, par endroits décoloré.

---

14. **break through**, **broke**, **broken**, **appear**, *faire une apparition*, *percer* (le soleil à travers les nuages...).

15. **lichen-stained** : adj. composé avec **–ed** ; **white-haired**, **blue-eyed**... : *aux cheveux blancs, aux yeux bleus*...

16. **studded with** (notez la préposition !) ; **sky studded with stars** : *ciel constellé, parsemé d'étoiles*.

17. **straggle**, *pousser tout en longueur*.

18. **thicken** *(s')épaissir* ; **thick** : *épais* ; **deepen**, *(s')approfondir* ; **deep**, *profond* ; **long**, **lengthen**...

19. **approaching** : **approach the village** (sans préposition !), *s'approcher du village*.

20. **clothe with** (remarquez la préposition), *habiller de, vêtir de* ; *revêtir, couvrir de* ; **clothes**, *vêtements*.

As you[1] descend, the road winds slightly, with the grey park-wall, built of loose[2] stone, and mantled[3] here and there with ivy, at its left, and crosses a shallow ford; and as I approached the village, through breaks[4] in the woodlands, I caught glimpses[5] of the long front of an old ruined house, placed among the trees, about half-way up the picturesque mountain-side.

The solitude and melancholy of this ruin piqued my curiosity, and when I had reached the rude[6] thatched public-house[7], with the sign of St. Columbkill, with robes, mitre, and crozier, displayed[8] over its lintel, having seen to[9] my horse and made a good meal[10] myself on a rasher and eggs, I began to think again of[11] the wooded park and the ruinous house, and resolved on a ramble of half an hour[12] among its sylvan solitudes.

The name of the place, I found, was Dunoran; and beside[13] the gate a stile[14] admitted to the grounds[15], through which, with a pensive enjoyment[16], I began to saunter towards the dilapidated mansion.

A long grass-grown[17] road, with many turns and windings, led up to the old house, under the shadow of the wood.

The road, as it approached the house skirted the edge of a precipitous glen, clothed with hazel, dwarf-oak, and thorn, and the silent house stood with its wide-open hall-door facing[18] this dark ravine, the further[19] edge of which was crowned with towering[20] forest; and great trees stood about the house and its deserted[21] court-yard and stables.

I walked in[22] and looked about me, through passages overgrown with nettles and weeds; from room to room with ceilings

---

1. **you**, **we**, **they** correspondent à *on* selon le contexte. **We drink wine in France**, dira un Français à un Anglais. **They drink tea in England**, dira un Français au sujet des Anglais.

2. **loose** : avec deux o : *lâche, mou; imprécis* ; **to lose** (un seul o !), *perdre*.

3. **mantled... with** : *couvert comme d'une cape* (**a mantle**).

4. **break(s)**, **broke**, **broken** implique ici une interruption.

5. **glimpse(s)** : *aperçu, coup d'œil rapide*.

6. **rude** : (ici) **artless, inartistic, primitive** : *rudimentaire*.

7. **public-house** : (aujourd'hui) **pub** ; **publican**, *patron d'un pub*.

8. **displayed** (m. à m.) *étalé* ; **display** : *étalage* ; *exposition*.

9. **seen to** : la particule peut changer beaucoup le sens d'un verbe.

10. **made a good meal** (pas do !) ; **make** a bed, **do** a room.

11. **think again of** : (notez la préposition) *penser à*.

12. **half an hour** : notez la place de **an**.

13. **beside** : **near, next to, close to** expriment la proximité.

12

À mesure qu'on descend, la route serpente légèrement, longe sur la gauche le mur gris du parc, fait de pierres branlantes, couvert de lierre ici et là, et franchit un gué peu profond. Comme j'approchai du village, j'aperçus par des trouées dans les bois la longue façade d'une vieille maison en ruine, dressée au milieu des arbres, à peu près à mi-hauteur de la pittoresque montagne.

L'abandon et la mélancolie attachés à cette ruine piquèrent ma curiosité et, quand je fus parvenu à la très modeste auberge au toit de chaume et à l'enseigne de St. Columbkill avec robes de cérémonie, mitre et crosse tracées sur le linteau et que j'eus soigné mon cheval et fait un bon repas d'une tranche de lard avec des œufs, je me mis à penser de nouveau au parc boisé et à la maison délabrée et je résolus d'entreprendre une promenade d'une demi-heure dans ces solitudes sylvestres.

Le nom de l'endroit – je le découvris – était Dunoran et, près de la barrière, un échalier donnait accès au terrain que je commençai à traverser, heureux et songeur, d'un pas nonchalant, en direction du manoir décrépit.

Une longue route envahie par l'herbe, pleine de lacets et de zigzags, conduisait à la vieille demeure qu'ombrageait le bois.

Cette route, à mesure qu'on approchait de la maison, longeait le bord d'une vallée escarpée, tapissée de noisetiers, de chênes nains et de ronces ; la bâtisse, plongée dans le silence, avec la porte du vestibule grande ouverte sur le sombre ravin, se dressait là ; l'autre extrémité du bois était couronnée de fûts imposants ; de grands arbres entouraient la maison, la cour déserte et les écuries. J'entrai, jetai un coup d'œil autour de moi, dans des couloirs encombrés d'orties et de mauvaises herbes ; j'errai de pièce en pièce ; les plafonds

---

14. **stile** : *échalier* (sorte d'échelle permettant de franchir une haie).

15. **grounds** (avec **s**) : *parc* d'une habitation particulière.

16. **enjoyment** : *plaisir* ; **enjoy** : *aimer, apprécier*. **I enjoyed that film very much**, *ce film m'a beaucoup plu*.

17. **grass-grown** : *où l'herbe a poussé* (**grown**) ; **grow, grew, grown** : *pousser, croître* ; **grown-up**, *adulte* (adj. et n.).

18. **facing** : *face, faire face à* (pas de préposition en anglais).

19. **the further** : *le plus éloigné des deux* ; sinon **the furthest.**

20. **towering** : *imposant* (comme *une tour*, **a tower**) ; **to tower above ou over**, *dominer*.

21. **deserted** : *où il ne reste plus personne* ; **desert** : *où il n'y a jamais eu personne*.

22. **I walked in** : *j'entrai* (*à pied*), **I drove in** (*en voiture*), **I rushed in** (*précipitamment*) : le verbe indique la manière dont s'accomplit l'action, la particule **in** l'action elle-même.

rotted[1], and here and there a great beam dark and worn[2], with tendrils of ivy trailing over it. The tall walls with rotten plaster were stained[3] and mouldy[4], and in some rooms the remains of decayed[5] wainscoting crazily[6] swung[7] to and fro. The almost sashless[8] windows were darkened[9] also with ivy, and about the tall chimneys the jackdaws were wheeling, while from the huge trees that overhung[10] the glen in sombre masses at the other side, the rooks kept up[11] a ceaseless[12] cawing[13].

As I walked through these melancholy passages –peeping only into some of the rooms, for the flooring was quite gone in the middle, and bowed down[14] toward the centre, and the house was very nearly un-roofed[15], a state of things which made the exploration a little critical– I began to wonder why so grand a house, in the midst of scenery so picturesque, had been permitted to go to decay; I dreamed of[16] the hospitalities of which it had long ago been the rallying-place[17], and I thought what a scene of Redgauntlet[18] revelries it might disclose[19] at midnight.

The great staircase was of oak, which had stood[20] the weather wonderfully, and I sat down upon its steps, musing[21] vaguely on the transitoriness of all things under the sun.

Except for the hoarse and distant clamour of the rooks, hardly audible where I sat, no sound broke the profound stillness[22] of the spot[23]. Such a sense[24] of solitude I have seldom experienced[25] before. The air was stirless, there was not even the rustle of a withered[26] leaf along the passage.

---

1. **rotted** : (deux t !); **to rot**, *pourrir*; **rotten to the core**, *pourri jusqu'à la moelle*; **rotten weather!** *temps pourri !*
2. **worn** : (m. à m.) *usé*; **worn-out**, *usé jusqu'à la corde*.
3. **stained** : *taché*; **stain**, *tache*; **stainless**, *sans tache, pur*.
4. **mouldy** : *moisi*; **go mouldy** : *moisir*; **mould** : *moisissure*.
5. **decayed** : *pourri*; **fall into decay**, *tomber en ruine*.
6. **crazily** : *follement*; **go crazy**, *devenir fou*.
7. **swing, swung, swung**, *se balancer, être ballant*.
8. **sashless** : **sash-window**, *fenêtre à guillotine*.
9. **darken** : *obscurcir, assombrir*; **dark**, *sombre*.
10. **overhang, overhung, overhung** : *surplomber*.
11. **keep up, kept up, kept up** : *maintenir, entretenir, continuer*.
12. **ceaseless** : *incessant, continuel*; **cease**, *cesser, s'arrêter*.
13. **cawing** : n. verbal, indique l'action de *croasser* (**to caw**).
14. **bow down** : *fléchir, se courber* (branches au vent, etc).
15. **unroofed**, **roofless** : *sans toit*; **un** (en tête de mot), **less** (en fin de mot) expriment l'absence; ils servent à former des contraires : **happy, unhappy**; **reasonable, unreasonable**.

tombaient en ruine ; ici et là, sur une grosse poutre noire et vermoulue, rampaient des vrilles de lierre. Les hauts murs de plâtre détérioré portaient des taches de moisissure et, dans certaines salles, les vestiges des lambris délabrés se balançaient de-ci de-là dans une danse folle. Les fenêtres, pratiquement dépourvues de châssis, étaient, elles aussi, masquées par du lierre, et, autour des grandes cheminées, les choucas virevoltaient tandis que, dans les arbres gigantesques, penchés au-dessus de la vallée, formant des masses sombres à l'autre bout, les corneilles poussaient leurs croassements ininterrompus.

Tandis que j'errais dans ces couloirs empreints de mélancolie (jetant un coup d'œil furtif dans seulement certaines pièces car le plancher, totalement inexistant en son milieu, ployait si on approchait de celui-ci, et la maison était presque entièrement dépourvue de toit – état de choses qui rendait mon exploration un peu hasardeuse), je commençai à me demander pourquoi on avait permis qu'une demeure si grandiose, au milieu d'un paysage si pittoresque, tombât en ruine. Je rêvai aux réceptions dont elle avait été le cadre il y avait fort longtemps et j'imaginai quelle scène des festivités de la famille Redgauntlet avait pu se dérouler en ces lieux, à l'heure de minuit.

Le grand escalier, en chêne, avait résisté merveilleusement aux intempéries et je m'assis sur ses marches, songeant vaguement au caractère éphémère de toutes choses sur cette terre.

Hormis les cris rauques et lointains des corneilles, à peine audibles de l'endroit où je me trouvais, nul bruit ne rompait le profond silence qui régnait sur les lieux. J'avais rarement avant ce jour ressenti une telle sensation de solitude. L'air était immobile ; on n'entendait pas même le bruissement d'une feuille morte dans le couloir.

---

16. **I dreamed of** : remarquez la préposition ; **dream, dreamed** ou **dreamt, dreamed** ou **dreamt** (*rêver*).

17. **rallying-place** : *lieu de ralliement* ; **to rally**, *se rallier*.

18. **Redgauntlet**, personnage du roman éponyme de Walter Scott.

19. **disclose, reveal, unveil** : *dévoiler* ; **to close** : *fermer*.

20. **stand, stood, stood** : (ici) *supporter, résister à*.

21. **muse (on, about, over)**, *méditer sur, réfléchir à*.

22. **stillness** : **still**, calme, tranquille. **Still waters run deep** : *Il n'est pire eau que l'eau qui dort.*

23. **spot** : *endroit, coin* ; **beauty spot**, *site pittoresque*, aussi *grain de beauté*.

24. **such a sense...** : *un tel sens*... Notez la place de **a**.

25. **experience** : *vivre* (une expérience, une aventure...) ; mais **experiment** : *faire une expérience, expérimenter*.

26. **withered** : *flétri, fané, desséché*.

It was oppressive. The tall trees that stood close[1] about the building darkened it, and added something of awe[2] to the melancholy of the scene.

In this mood[3] I heard, with an unpleasant surprise, close to me, a voice that was drawling, and, I fancied, sneering[4], repeat the words: 'Food for worms, dead and rotten; God over all.'

There was a small window in the wall, here very thick, which had been built[5] up, and in the dark recess[6] of this, deep in the shadow, I now saw a sharp-featured[7] man, sitting[8] with his feet dangling[9]. His keen eyes were fixed on me, and he was smiling cynically, and before I had well recovered from[10] my surprise, he repeated the distich[11]:

'If death was a thing that money could[12] buy,
The rich[13] they would live, and the poor they would die.'

'It was a grand house in its day[14], sir,' he continued, 'Dunoran House, and the Sarsfields[15]. Sir Dominick Sarsfield was the last of the old stock[16]. He lost his life not six foot away from where you are sitting.'

As he thus spoke he let himself down, with a little jump[17], on to the ground.

He was a dark-faced, sharp-featured, little hunchback, and had a walking-stick in his hand, with the end of which he pointed to a rusty[18] stain in the plaster of the wall.

'Do you mind[19] that mark, sir?' he asked.

---

1. **close** : (adj.) *proche* ; **close to**, *proche de* ; **about** : *autour de, ici et là*.

2. **awe** : effroi mêlé d'admiration ; **awful** : 1. *imposant, majestueux* ; 2. *terrifiant, effrayant* ; 3. (fam.) *épouvantable*.

3. **mood** : *humeur* ; **in a good mood**, *de bonne humeur*.

4. **sneer at sb**, *se moquer de qn.* d'un air méprisant ; **sneer at sth**, *tourner qch en ridicule*.

5. **build, built, built**, *bâtir, construire*.

6. **recess** : *renfoncement, alcôve* (pour lit) ; **in the recesses of his mind**, *dans les recoins de son esprit*.

7. **sharp-featured** : (m. à m.) *aux traits* (**features**) *durs*.

8. **sitting** (*assis*), **standing** (*debout*), **leaning** (*penché*), **bending** (*courbé*) : positions du corps (**ing**).

9. **dangle**, *pendre, pendiller*.

10. **recover from an illness**, *guérir, se rétablir*.

11. **distich** : groupe de deux vers formant un sens complet.

12. **could** dans un sens conditionnel ici ; **can, could**.

16

L'atmosphère était étouffante. Les grands arbres qui se pressaient autour de la bâtisse l'ombrageaient et ajoutaient une certaine impression de terreur à la scène chargée de mélancolie.

En proie à cette humeur, j'entendis tout près de moi, à ma surprise – désagréable – une voix traînante, et, je l'imaginai, ricanante, qui répétait les mots : « De la nourriture pour les vers ! Cadavres putréfiés ! Dieu règne sur tout. »

Il y avait une petite fenêtre dans le mur, très épais à cet endroit, laquelle avait été percée là et, dans l'embrasure ténébreuse, au plus épais de l'ombre, je vis à présent un homme au visage dur, assis, les pieds ballants. Ses yeux perçants étaient rivés sur moi ; il avait un sourire cynique et avant que je ne sois complètement revenu de ma surprise, il répéta le distique :

— Si la mort était une chose que l'argent pouvait acheter,
Les riches vivraient et les pauvres mourraient.

— C'était une maison prestigieuse en son temps, monsieur, poursuivit-il, que Dunoran House, habitée par les Sarsfield. Sir Dominick Sarsfield était le dernier de la vieille famille de ces lieux. Il a perdu la vie à moins de six pieds de l'endroit où vous vous trouvez.

Tandis qu'il parlait ainsi, faisant un léger bond, il se laissa tomber sur le sol.

C'était un petit bossu au visage sombre, aux traits durs ; il avait à la main une canne dont il pointa le bout en direction d'une tache couleur rouille, sur le plâtre du mur.

— Vous voyez cette tache, monsieur ? demanda-t-il.

---

13. **The rich, the poor** : adj. qualificatif employé seul, précédé de **the**, désignant une catégorie entière. On peut dire aussi : **rich people**, **poor people**.

14. **day** : (ici) *époque* ; **famous in her day**, *célèbre à son époque* ; aussi au pl. **in those days**, *en ce temps-là*.

15. **The Sarsfields, the Martins**... : **s** au pluriel des noms propres, ce qui n'est pas le cas en français (les Martin...).

16. **stock** : *origine, souche, race, famille* ; **of peasant stock**, *de souche paysanne* ou *d'une famille d'agriculteurs*.

17. **jump** : *saut* ; **long jump**, *saut en longueur* ; **high jump**, *saut en hauteur* ; **to jump**, *sauter*.

18. **rusty** : (m. à m.) *rouillé* ; aussi au figuré : **my English is a bit rusty** : *mon anglais est un peu rouillé* ; **rust**, *rouille*.

19. **mind** : *prêter attention à*. **Mind the step!** *Attention à la marche !* **Mind your head!** *Attention à votre tête !*

'Yes,' I said, standing up, and looking at it, with a curious anticipation of something worth hearing[1].

'That's about seven or eight feet[2] from the ground, sir, and you'll not guess what it is.'

'I dare say not,' said I, 'unless it is a stain from the weather.'

''Tis nothing so lucky[3], sir,' he answered, with the same cynical smile and a wag[4] of his head, still[5] pointing at the mark with his stick. 'That's a splash[6] of brains[7] and blood. It's there this hundred years[8]; and it will never leave[9] it while the wall stands.'

'He was murdered, then?'

'Worse[10] than that, sir,' he answered.

'He killed himself[11], perhaps?'

'Worse than that, itself, this cross between us and harm[12]! I'm oulder than I look[13], sir; you wouldn't guess my years.'

He became silent[14], and looked at me, evidently[15] inviting a guess.

'Well, I should guess you to be about[16] five-and-fifty[17].'

He laughed, and took a pinch[18] of snuff, and said:

'I'm that[19], your honour, and something to the back of it. I was seventy last Candlemas[20]. You would not a' thought that, to look at me[21].'

'Upon my word[22] I should not; I can hardly[23] believe it even now. Still, you don't remember Sir Dominick Sarsfield's death?' I said, glancing[24] up at the ominous[25] stain on the wall.

---

1. **worth hearing** : emploi du nom verbal en **ing** avec **worth** ; de même : **I can't help doing it**, *je ne puis m'empêcher de le faire* ; **it's no use crying** : *ça ne sert à rien de pleurer*...

2. **feet** : (sing) **foot** = *30,48 cm* ; **1 yard** = **3 feet** = *91,44 cm*.

3. **lucky** : *heureux* (qch) ; *chanceux* (qn) ; **luck** : *chance*.

4. **wag** : **to wag one's head** : *hocher (de) la tête* ; **a dog wags its tail**, *un chien remue la queue*.

5. **still** : *encore, toujours* (dans le sens de « continuation »).

6. **splash** : *éclaboussement* ; **to splash** : *éclabousser*.

7. **brain(s)** : *cerveau* ; **he's got brains**, *il est intelligent*.

8. **It's there this hundred years** : plus correctement : **It has been there for the last hundred years** (present perfect).

9. **leave, left, left** : *laisser, quitter*.

10. **bad, worse, the worst** : comparatif et superlatif irréguliers.

11. **He killed himself** et non pas **He got killed (by a murderer)**, 'He was murdered' (cf. plus haut).

12. **harm** : **do sb harm** : *faire du mal à qn* (pas **make** !).

13. **look** : *sembler, paraître* ; **look like** : *ressembler*.

— Oui, répondis-je en me levant et en l'examinant, avec l'étrange prémonition de quelque chose qui méritait d'être entendu.

— Elle se trouve à environ sept ou huit pieds du sol, monsieur, et vous ne devinerez pas ce que c'est.

— Je crains que non, dis-je, à moins que ce ne soit une tache due aux intempéries.

— Ce n'est rien d'aussi anodin, monsieur, répondit-il avec le même sourire cynique, en hochant la tête et en continuant de pointer son bâton en direction de la marque. C'est une tache de cervelle et de sang. Elle est là depuis ces cent dernières années. Et elle ne disparaîtra jamais tant que le mur tiendra debout.

— Il a été assassiné, alors ?

— Pire que ça, monsieur, répondit-il.

— Il s'est donné la mort, peut-être ?

— Pire que ça encore ! Que la sainte croix s'interpose entre le mal et nous ! Je suis plus vieux que je ne parais, monsieur. Vous ne devineriez pas mon âge.

Il cessa de parler et me regarda, m'invitant, de toute évidence, à le deviner.

— Bien, je dirais que vous avez dans les cinquante-cinq ans.

Il se mit à rire, prit une pincée de tabac à priser et dit :

— C'est ce que j'ai, Votre Honneur, et un peu plus ! J'ai eu soixante-dix ans à la dernière Chandeleur. Vous ne l'auriez pas cru, à me voir.

— Non, ma parole ! J'ai du mal à le croire même maintenant. Mais vous ne vous souvenez pas de la mort de Sir Dominick Sarsfield ? dis-je en levant les yeux sur la sinistre tache du mur.

---

14. **became silent** : (m. à m.) *devint silencieux* ; **become, became, become** ; **keep silent!** (*gardez le*) *silence !*

15. **evidently** : **obviously**, *évidemment* ; **evident**, **obvious**.

16. **about** : *environ, à peu près*. **He's about ten years of age**.

17. **five-and-fifty** : on dirait aujourd'hui **fifty-five**.

18. **pinch** : *petite quantité, pincée* (de sel...). **You have to take her remarks with a pinch of salt** : *il ne faut pas prendre ses remarques pour argent comptant*.

19. **I'm that** : **I'm fifty-five**.

20. **Candlemas** : *fête des chandelles* (**candles**), *Chandeleur*.

21. **to look at me** : **when you look at me**, *en me regardant*.

22. **word** : 1. *parole* ; 2. *mot*. **Take him at his word**, *prends-le au mot* ; **take my word for it**, *croyez-moi*.

23. **hardly** : *à peine*. **I hardly know him** (place de **hardly** !).

24. **glance at** : *jeter un coup d'œil à*.

25. **ominous** : **of bad omen**, *de mauvais augure*.

'No, sir, that was a long while before[1] I was born. But my grandfather was butler here long ago, and many a time I heard tell how Sir Dominick came by his death[2]. There was no masther[3] in the great house ever sinst[4] that happened[5]. But there was two sarvants[6] in care[7] of it, and my aunt was one o' them; and she kep' me here wid her till[8] I was nine year old, and she was lavin'[9] the place to go to Dublin; and from that time it was let to go down[10] The wind sthript[11] the roof, and the rain rotted the timber[12], and little by little, in sixty years' time, it kem[13] to what you see. But I have a likin' for it[14] still, for the sake of[15] ould times; and I never come this way but[16] I take a look in[17]. I don't think it's many more times I'll be turnin' to see the ould place, for I'll be undher the sod[18] myself before long.'

'You'll outlive younger people,' I said.

And, quitting that trite[19] subject, I ran on[20]:

'I don't wonder[21] that you like this old place; it is a beautiful spot, such noble trees.'

'I wish ye seen the glin[22] when the nuts is ripe; they're the sweetest nuts in all Ireland[23], I think,' he rejoined, with a practical sense of the picturesque. 'You'd fill[24] your pockets while you'd be lookin' about you.'

'These are very fine old woods,' I remarked. 'I have not seen any in Ireland I thought so beautiful.'

'Eiah! Your honour, the woods about here[25] is nothing to what they wor[26]. All the mountains along here was wood when my father was a gossoon[27], and Murroa Wood was the grandest of them all.

---

1. a long while before = a long time ago, *il y a longtemps*.
2. came by his death : died ; to die, *mourir* ; dead, *mort*.
3. masther : master ; le h marque l'accent du narrateur.
4. sinst = since *depuis que*.
5. happen : occur(red), *arriver* (événement).
6. there <u>was</u> two sarvants (langage populaire) : there <u>were</u>... servants.
7. care : *soin* ; take care of : *prendre soin de*.
8. till : prép. de temps, jamais de lieu comme to, up to, down to ; I'll go <u>to</u> London and I'll stay there <u>till</u> Friday.
9. lavin' = leaving ; leave, left, left : *laisser, quitter*.
10. go down : *couler, sombrer* (comme un navire).
11. sthript = stripped ; strip, *enlever, dépouiller (de)*.
12. timber : 1. *bois de construction* ; 2. *madrier, poutre*.
13. it kem = it came.
14. I have a liking for it : I like it (as it is).

20

— Non, monsieur, cela remonte à des années avant que je ne sois né. Mais mon grand-père était majordome ici, il y a fort longtemps, et maintes fois je l'ai entendu raconter comment Sir Dominick a trouvé la mort. Il n'y a plus eu d'autre maître dans la grande maison depuis que cela s'est produit. Mais il y a eu deux domestiques à s'en occuper et ma tante en était ; et elle m'a gardé avec elle ici jusqu'à mes neuf ans, puis elle a quitté les lieux pour aller à Dublin ; à partir de ce moment-là, la demeure a été laissée à l'abandon. Le vent a arraché le toit, la pluie a pourri la charpente et, peu à peu, en l'espace de soixante ans, les choses en sont arrivées à ce que vous voyez. Mais j'aime toujours cette maison, par égard pour les temps anciens, et je ne passe jamais par ici sans y jeter un coup d'œil. Je ne pense pas que je viendrai beaucoup d'autres fois pour voir le vieux manoir car je serai moi-même sous la terre avant longtemps.

— Vous survivrez à des gens plus jeunes que vous, lui dis-je.

Et, abandonnant ce sujet rebattu, je poursuivis :

— Ça ne m'étonne pas que vous aimiez cette vieille maison. C'est un endroit tellement beau, avec ces arbres si majestueux.

— J'aurais aimé que vous voyiez la vallée lorsque les noisettes sont mûres. Ce sont les meilleures noisettes de toute l'Irlande, je pense, reprit-il, avec un sens pratique du pittoresque. On s'en remplirait les poches tout en regardant le paysage autour de soi.

— Ces bois séculaires sont magnifiques, observai-je. Je n'en ai jamais trouvé d'aussi beaux en Irlande.

— Oh ! mais, Votre Honneur, les bois qu'il y a ici n'ont rien à voir avec ce qu'ils étaient. Toutes les montagnes par là étaient couvertes de forêts quand mon père était gamin et Murroa Wood était la plus merveilleuse de toutes.

---

15. **for the sake of** : *pour l'amour de* ; **for God's sake** : *pour l'amour de Dieu*.
16. **but** : (ici) *sans que....*
17. **take a look in** : *jeter un coup d'œil à l'intérieur*.
18. **sod** : *gazon, motte de gazon*.
19. **trite, hackneyed** : *réchauffé, rebattu* (paroles, sujet...).
20. **I ran on** : (ici) **went on (speaking)**, *je continuai (à parler)*.
21. **I don't wonder…** : **I'm not surprised…**
22. **I wish ye seen the glin** : **I wish you had seen the glen**.
23. **the sweetest nuts in all Ireland** :... *de toute l'Irlande* (emploi de **in** après un superlatif) : **The best in the world**.
24. **fill** : *remplir* ; **filled with** mais **full of**, *plein de*.
25. **about here** : **round here**, *par ici, dans le coin/les parages*.
26. **is nothing to what they wor** : **can't compare to what they were** : *sont sans comparaison avec ce qu'ils étaient*.
27. **gossoon** : (en Irlande) *garçon*.

All oak mostly[1], and all cut down as bare[2] as the road. Not one left[3] here that's fit[4] to compare with them. Which way did your honour come hither – from Limerick?'

'No. Killaloe.'

'Well, then you passed the ground where Murroa Wood was in former times[5]. You kem undher Lisnavourra, the steep knob[6] of a hill about a mile above the village here. 'Twas near that Murroa Wood was, and 'twas there Sir Dominick Sarsfield first met the devil, the Lord between us and harm, and a bad meeting it was for him and his.'

I had become interested in[7] the adventure which has occurred in the very scenery[8] which had so greatly attracted me, and my new acquaintance, the little hunchback, was easily entreated[9] to tell me the story, and spoke thus, so soon as[10] we had each resumed his seat:

It was a fine estate[11] when Sir Dominick came into it; and grand[12] doings there was entirely, feasting and fiddling[13], free[14] quarters[15] for all the pipers[16] in the counthry round, and a welcome for every one that liked to come. There was wine, by the hogshead[17], for the quality; and potteen[18] enough to set a town a-fire[19], and beer and cidher enough to float a navy, for the boys and girls, and the likes of me[20]. It was kep' up the best part of a month[21], till the weather broke, and the rain spoilt the sod for the moneen jigs, and the fair of Allybally Killudeen comin' on they wor obliged to give over their diversion, and attind to[22] the pigs.

---

1. **mostly** : *principalement, surtout*.

2. **bare** : *nu, pelé* (montagne) ; **bare to the waist**, *nu jusqu'à la ceinture*.

3. **left** : **there is nothing left**, *il ne reste rien* ; **there are three books left**, *il reste trois livres* (construction avec **left!**).

4. **fit (to)** : *capable de, digne de* ; **fit to drive**, *en mesure de conduire* ; **fit to rule the country** : *digne de gouverner le pays*.

5. **in former times** : *autrefois* ; **former** : *ancien, d'autrefois*.

6. **knob** : (ici) *bosse, protubérance*.

7. **I had become interested in** : notez l'emploi de **have** et de **in** ; **he is interested in languages** : *il s'intéresse aux langues*.

8. **in the very scenery** : notez ce sens de **very** (adj.) ; **that very day**, *ce jour même* ; **on the very spot**, *à l'endroit même*. **Scenery** : *paysage*.

9. **entreat** : *supplier, implorer* ; **entreaty**, *supplication*.

10. **so soon as** : plus correctement : **as soon as**.

11. **estate** : *propriété, domaine* ; **country estate**, *terres*.

12. **grand** : (faux ami) *grandiose* ; **live in grand style**, *mener la grande vie*.

22

Des chênes en majorité, tous abattus, rasés, comme sur la route. Il n'en reste pas un seul ici auquel on puisse les comparer. Quel chemin avez-vous pris, Votre Honneur, pour arriver jusqu'ici ? Vous êtes venu de Limerick ?

— Non. De Killaloe.

— Eh bien alors, vous avez passé le terrain où se trouvait Murroa Wood autrefois. Vous avez pris le chemin en contrebas de Lisnavourra, la grosse colline escarpée qui se dresse à un mile environ du village, ici. C'est près de là que se trouvait Murroa Wood et c'est à cet endroit que Sir Dominick Sarsfield a rencontré le diable pour la première fois. Que le Seigneur s'interpose entre nous et le mal ! Et quelle mauvaise rencontre ce fut pour lui et les siens !

Je m'intéressai à l'aventure qui avait eu lieu à l'endroit même qui m'avait attiré si fortement et ma nouvelle connaissance, le petit bossu, fut aisément convaincu de me raconter l'histoire, et c'est ainsi qu'il parla dès que nous fûmes l'un et l'autre retournés sur notre siège :

— C'était un beau domaine lorsque Sir Dominick en hérita ; et il s'y passait des choses extraordinaires, vraiment, des banquets et de la musique. C'était ouvert à tous les joueurs de cornemuse de la région. Étaient bienvenus tous ceux qui voulaient se présenter. Il y avait du vin à profusion pour la bonne société, de l'eau-de-vie en quantité suffisante pour mettre le feu à une ville entière, de la bière et du cidre pour les garçons et les filles et les gens comme moi, assez pour mettre à flot toute la marine. Ça durait la plus grande partie du mois, jusqu'à ce que le temps se gâte, que la pluie détrempe le sol, empêchant de danser les gigues irlandaises, et que, la foire de Allybally Killudeen arrivant, ils soient obligés d'abandonner leurs festivités pour s'occuper des cochons.

---

13. **feasting, fiddling** : n. verbaux en **ing**, indiquant l'*action de festoyer* (**feast**), de *jouer du violon* (**fiddle**).

14. **free** : 1. *libre* ; 2. *gratuit* ; **free entrance** : *entrée libre*.

15. **quarters** (n. pl.) : *résidence, domicile*.

16. **piper** ou **bagpiper** : *joueur de cornemuse* (**bagpipe**).

17. **hogshead** : *barrique* (d'environ 245 litres).

18. **potteen** (un seul **t** normalement) ou **potheen** : *eau-de-vie* irlandaise. (souvent de contrebande).

19. **set a town a-fire** : **set fire to something** ou **set something on fire** : *mettre le feu à qch*.

20. **the likes of me** : **like** ici est un nom désignant qn ou qch de semblable. **I've never seen the like of it** : *je n'ai jamais rien vu de pareil*.

21. **the best part of a month** : notez cet emploi de **best**.

22. **attind to = attend to** : *s'occuper de*. **Are you being attended to? (in a shop)** : *Est-ce qu'on s'occupe de vous ?*

But Sir Dominick was only beginnin' when they wor lavin' off[1]. There was no way[2] of gettin' rid[3] of his money and estates he did not try – what with[4] drinkin', dicin'[5], racin', cards, and all soarts, it was not many years before the estates wor in debt, and Sir Dominick a distressed man. He showed a bold front[6] to the world as long as he could; and then he sould off[7] his dogs, and most of his horses, and gev out[8] he was going to thravel in France, and the like[9]; and so off with him[10] for awhile; and no one in these parts[11] heard tale[12] or tidings[13] of him for two or three years. Till at last quite unexpected[14], one night there comes a rapping at the big kitchen window. It was past ten o'clock, and old Connor[15] Hanlon, the butler, my grandfather, was sittin' by the fire alone[16], warming his shins[17] over it. There was keen[18] east wind blowing[19] along the mountains that night, and whistling cowld enough, through the tops of the trees, and soundin' lonesome[20] through the long chimneys.

(And the story-teller glanced up at[21] the nearest stack visible from his seat.)

So he wasn't quite sure of the knockin' at the window, and up he gets, and sees his master's face.

My grandfather was glad to see him safe, for it was a long time since there was any news of him; but he was sorry, too, for it was a changed place and only himself and old Juggy Broadrick in charge of the house, and a man in the stables, and it was a poor thing to see him comin' back to his own like that.

He shook Con by the hand, and says he:

---

1. lavin' = leaving; leave off : *cesser, arrêter de...*

2. way : façon, manière; do it this way, *fais-le comme ça/ceci*.

3. get (tin') rid of : (m. à m.) *se débarrasser de*.

4. what with... : what with one thing and another, I'm very busy : *entre une chose et l'autre, je suis très occupé*.

5. dicing : to dice, to play dice, *jouer aux dés* (dice n. pl.); to dice with death, *jouer avec sa vie*.

6. bold front : brave face; put a bold or brave face on things : *faire bonne contenance*; bold, *hardi, intrépide*.

7. so(u)ld off : *liquida*; sell, sold, sold, *vendre*.

8. gev out = gave information; give, gave, given, *donner*.

9. and the like = and things of that nature, similar things.

10. off with him : off en tête donne plus de vivacité à l'action; off went the rabbit, *et le lapin de détaler*.

11. parts : *région, parages*; I don't belong to these parts, *je ne suis pas d'ici, je ne suis pas du coin*.

Mais Sir Dominick ne faisait que commencer lorsque les autres s'arrêtaient. Il n'exista pas un moyen qu'il n'eût tenté d'employer pour dilapider son argent et ses biens. Entre la boisson, les jeux de dés, les courses de chevaux, les cartes et autres, peu d'années s'écoulèrent avant que le domaine ne soit frappé de dettes et Sir Dominique désespéré. Il sauva courageusement les apparences aux yeux du monde aussi longtemps que cela fut en son pouvoir ; et puis il vendit au rabais ses chiens, la plus grande partie de ses chevaux et annonça qu'il allait voyager en France et faire d'autres choses de ce genre. Et le voilà donc disparu pour quelque temps. Personne dans la région n'entendit parler de lui ni ne reçut la moindre de ses nouvelles pendant deux ou trois ans, jusqu'à ce qu'enfin, un soir, un coup fût frappé à la fenêtre de la grande cuisine, tout à fait inattendu. Il était dix heures passées et le vieux Connor Hanlon, le maître d'hôtel, mon grand-père, assis, seul, près du feu, se chauffait les jambes. Un vent d'est pénétrant soufflait sur les montagnes ce soir-là et sifflait, glacial, dans la cime des arbres, sinistre, le long des grands conduits de fumée.

(Là-dessus le narrateur leva les yeux sur la souche de cheminée la plus proche, visible de son siège.)

Il n'était donc pas parfaitement sûr d'avoir entendu frapper à la fenêtre et le voilà qui se lève et aperçoit le visage de son maître.

Mon grand-père était heureux de le voir sain et sauf car il y avait longtemps qu'on n'avait pas eu de ses nouvelles. Mais il était navré aussi parce que les lieux avaient changé, occupés seulement par lui-même, le vieux Juggy Broadrick, employé au service de la maison, et un homme en charge des écuries. C'était bien triste de le voir revenir chez lui dans de telles circonstances.

Il serra la main de Connor et lui dit :

---

12. **tale** : *histoire, racontar* ; **old wives' tales** : *histoires de bonnes femmes*.

13. **tidings, news** : *des nouvelles* ; **this is good news!** : *ce sont de bonnes nouvelles !* ; **a piece of news** : *une nouvelle*.

14. **unexpected** : *inattendu* ; **expect sth**, *s'attendre à qch*.

15. **old Connor** (pas d'article en anglais !) : *le vieux Connor*.

16. **alone** : *seul* ; **lonely, lonesome**, *seul* (et triste de l'être) ; **Lonesome me** (titre d'une chanson de Johny Cash).

17. **shin** : *tibia* ; **shin guard, shin pad** : *protège-tibia*.

18. **keen** : *vif* (air), *mordant* (gel), *tranchant* (lame).

19. **blow, blew, blown**, *souffler*.

20. **lonesome** : (ici) *sinistre*.

21. **glance at** : *jeter un coup d'œil à, jeter un regard* (**a glance**) à ; **at first glance**, *à première vue*.

'I came here to say a word to you. I left my horse with Dick in the stable; I may[1] want him again before morning, or I may never want him[2].'

And with that he turns into the big kitchen, and draws[3] a stool, and sits down to take an air of the fire.

'Sit down, Connor, opposite me, and listen to what I tell you, and don't be afeard[4] to say what you think.'

He spoke all the time lookin' into the fire, with his hands[5] stretched[6] over it, and a tired man he looked[7].

'An' why should I be afeard, Masther Dominisck?' says my my grandfather. 'Yourself was a good masther to me, and so was your father[8], rest his sould[9], before you, and I'll say the truth, and dar'[10] the devil, and more than that, for any Sarsfield of Dunoran, much less yourself, and a good right I'd have.'

'It's all over[11] with me, Con,' says Sir Dominick.

'Heaven forbid[12]!' says my grandfather.

'Tis past[13] praying for,' says Sir Dominick. 'The last guinea's[14] gone; the ould place will follow it. It must be sold, and I'm come here, I don't know why, like a ghost to have a last look round me, and go off[15] in the dark again.'

And with that he tould him to be sure[16], in case he should hear of[17] his death, to give the oak box, in the closet off his room, to his cousin, Pat Sarsfield, in Dublin, and the sword and pistols his grandfather carried in Aughrim[18], and two or three thrifling[19] things of the kind.

And says he, 'Con, they say if the divil gives you money overnight, you'll find nothing but a bagful of pebbles, and chips, and nutshells, in the morning.

---

1. **may** : exprime ici la probabilité. **She may come**, *il se peut qu'elle vienne*; **maybe, perhaps**, *peut-être*.

2. **him** (pas **it**) : appliqué à un animal (auquel on est attaché).

3. **draw, drew, drawn** : *tirer*.

4. **be afeard (of)** : **be afraid (of)** : *avoir peur de*.

5. **with his hands** : notez l'emploi de **with** et de l'adj. possessif.

6. **stretch** : *tendre, étirer, déployer*; **stretch oneself**, *s'étirer*.

7. **look**, *sembler, paraître*; **look at**, *regarder*; **look up, down**, *lever, baisser les yeux*; **look like**, *ressembler*.

8. **so** en tête entraîne l'inversion du sujet et du verbe; de même avec **never, not only, hardly**; **hardly** <u>had I</u> arrived **when**... *à peine étais-je arrivé que...*

9. **rest his soul(d)** = **may his soul rest in peace** : (m. à m.) *puisse son âme (**soul**) reposer (**rest**) en paix*.

10. **dar(e), challenge** : *défier, mettre au défi*; **daredevil** : *personne qui ne craint ni Dieu ni diable (**devil**), casse-cou*.

26

— Je suis venu ici pour vous parler. J'ai laissé mon cheval avec Dick dans l'écurie. J'en aurai peut-être encore besoin avant le matin, ou je n'en aurai peut-être jamais besoin.

Et là-dessus, il se retourna, pénétra dans la grande cuisine, approcha un tabouret, s'assit pour s'exposer au feu.

— Asseyez-vous, Connor, en face de moi, et écoutez ce que je vais vous raconter, et n'ayez pas peur de dire ce que vous en pensez.

Il parlait tout le temps, les yeux rivés sur le feu, les mains étendues devant les flammes. Quel homme épuisé il semblait être !

— Et pourquoi aurais-je peur, maître Dominick ? dit mon grand-père. Vous avez été vous-même un bon maître pour moi, et votre père aussi, avant vous, paix à son âme ! Je dirai la vérité, le diable m'emporte ! et même à n'importe quel Sarsfield de Donoran bien moins important que vous, et je serai tout à fait dans mon droit !

— C'en est fini de moi, Connor, dit Sir Dominick.

— Dieu vous garde ! dit mon grand-père.

— Prier ne sert de rien, dit Sir Dominick. La dernière guinée s'en est allée. Le vieux manoir suivra. Il va falloir le vendre et je suis venu ici, je ne sais trop pourquoi, tel un fantôme pour y jeter un dernier regard et disparaître de nouveau dans les ténèbres.

Et là-dessus, il lui dit, au cas où il apprendrait sa mort, de ne pas oublier de donner le coffret en bois de chêne qui se trouvait dans le cabinet contigu à sa chambre, à son cousin Pat Sarsfield, de Dublin, ainsi que l'épée et les pistolets que son grand-père portait à Aughrim, et deux ou trois choses insignifiantes de ce genre.

Et il dit encore :

— Connor, on prétend que si le diable vous donne de l'argent dans la nuit, vous ne retrouverez rien d'autre, le lendemain matin, qu'un sac plein de cailloux, de copeaux et de coques de noisettes.

---

11. **over (and done with)** : *fini (et bien fini)*.

12. **forbid, forbad(e), forbidden** : *défendre, interdire*.

13. **past** : *hors de l'effet de, au-delà de l'efficacité de* ; **he is past praying for**, *les prières ne peuvent plus rien pour lui*.

14. **guinea** : *guinée (ancienne monnaie valant 21 shillings)*.

15. **go off, vanish (into thin air)** : *disparaître, se volatiliser*.

16. **to be sure = to make sure** : *vérifier* ; **make sure you've locked the door**, *vérifie que tu as bien fermé la porte à clé*.

17. **hear of** : *entendre parler de* ; **hear from** : *avoir des nouvelles de*.

18. **Aughrim** : bataille célèbre entre protestants et catholiques le 23 juin 1691.

19. **thrifling = trifling** : *léger, peu important* ; **a trifling mistake**, *une légère erreur* ; **trifle** : *bagatelle, futilité, vétille*.

If I thought he played fair¹, I'm in the humour to make a bargain with him to-night.'

'Lord forbid!' says my grandfather, standing up, with a start², and crossing himself³.

'They say the country's full of men, listin' sogers⁴ for the King o' France. If I light on⁵ one o' them, I'll not refuse his offer. How contrary⁶ things goes! How long is it since me and Captain Waller fought the jewel⁷ at New Castle?'

'Six years, Masther Dominick, and ye broke his thigh with the bullet the first shot⁸.'

'I did, Con,' says he, 'and I wish, instead, he had⁹ shot me through the heart. Have you any whisky?'

My grandfather took it out of the buffet, and the masther pours out some into a bowl, and drank it off¹⁰.

'I'll go out and have a look at my horse,' says he, standing up. There was a sort of a stare¹¹ in his eyes, as he pulled his riding¹²-cloak about him, as if there was something bad in his thoughts¹³.

'Sure¹⁴, I won't be a minute running out myself to the stable¹⁵, and looking after¹⁶ the horse for you myself,' says my grandfather.

'I'm not goin' to the stable,' says Sir Dominick; 'I may as well tell you, for I see you found it out¹⁷ already – I'm goin' across the deer-park; if I come back you'll see me in an hour's time¹⁸. But, anyhow, you'd better not follow me¹⁹, for if you do I'll shoot you, and that 'id be a bad ending to our friendship.'

---

1. **played fair** (adv.) : **act fair and square** : *se montrer juste*; **fair** (adj.), *juste, équitable*; **strict but fair**, *sévère mais juste*.

2. **a start** : *un sursaut, un tressaillement*; **to start** : *sursauter*.

3. **crossing himself** = making the sign of the Cross, *faisant le signe de la croix* (du Christ, d'où la majuscule en anglais).

4. **soger** = soldier, *soldat*; **woman soldier**, *femme soldat*; **to soldier**, *servir dans l'armée, être soldat*.

5. **light on** = come across, *tomber sur, rencontrer* (par hasard).

6. **contrary** : hostile, **unfavo(u)rable**; **contrary winds**, *vents contraires*; **contrary to** (adv.), *contrairement à*.

7. **jewel** : duel; **fight a duel**, *se battre en duel*.

8. **shot** : *coup* (de fusil...) ; **shoot, shot, shot**, *tirer*.

9. **I wish he had** : **had**, subjonctif ici, exprime l'hypothèse. **I wish he came**, *je souhaite qu'il vienne*.

10. **off**, particule, modifie le sens du verbe (« d'un trait »).

Si je savais qu'il jouerait franc jeu, je serais d'humeur à passer un marché avec lui cette nuit.

— Le Seigneur vous en garde ! dit mon grand-père en se levant brusquement et en se signant.

— On raconte que le pays est plein de gens qui enrôlent des soldats pour le roi de France. Si je tombe sur l'un d'entre eux, je ne refuserai pas son offre. Que les choses vont mal ! Depuis combien de temps le capitaine Waller et moi nous sommes-nous battus en duel à New Castle ?

— Six ans, maître Dominick et vous lui avez brisé la cuisse avec la première balle que vous avez tirée.

— C'est exact, Connor. J'aurais souhaité, au lieu de cela, qu'il m'atteigne en plein cœur. Avez-vous du whisky ?

Mon grand-père en prit dans le buffet et le maître s'en versa dans une coupe et but d'un trait.

— Je vais sortir, je vais jeter un coup d'œil à mon cheval, dit-il en se levant. (Il avait le regard fixe tandis qu'il rajustait sa cape de cavalier, comme si quelque mauvaise idée lui avait traversé l'esprit.)

— Bien sûr, mais j'en ai moi-même pour une petite minute à filer à l'écurie soigner votre cheval, dit mon grand-père.

— Je ne vais pas à l'écurie, dit Sir Dominick. Autant vous le dire, car je m'aperçois que vous avez déjà compris. Je m'en vais traverser le bois aux cerfs. Si je reviens, vous me verrez dans une heure. Mais, de toute façon, vous avez intérêt à ne pas me suivre car, si vous le faites, je vous abattrai et cela serait une triste fin à notre amitié.

---

11. **stare** : *regard fixe* ; **to stare at**, *regarder fixement*.

12. **ride, rode, ridden** : *aller à cheval, à bicyclette, à moto* ; **riding breeches**, *culotte de cheval*.

13. **thought** : *pensée* ; **think, thought, thought**, *penser*.

14. **sure, surely** : *sûrement, certainement* ; *tout de même* (exprimant l'incrédulité).

15. **stable** (*écurie*) à ne pas confondre avec **cowshed** (*étable*).

16. **look after** : *prendre soin de, soigner*.

17. **find out, found, found, discover** : *découvrir, trouver* ; **I found out what he really was like**, *j'ai découvert son vrai caractère*.

18. **in an hour's time** : *dans une heure de temps* ; emploi du génitif pour exprimer une durée ou une distance : a **week's holiday**, *un congé d'une semaine* ; **a mile's walk** : *une promenade d'un mile*.

19. **you'd better not follow me** : *tu ferais mieux de ne pas me suivre* ; **you had better come**, *vous feriez mieux de venir* ; **we had rather do it**, *nous aimerions mieux le faire* ; **had better, had rather**, expressions figées suivies de l'infinitif sans **to**.

And with that he walks down this passage here, and turns the key in the side door[1] at that end of it, and out wid him[2] on the sod into the moonlight and the cowld wind; and my grandfather seen him walkin'[3] hard[4] towards the park-wall, and then he comes in and closes the door with a heavy heart.

Sir Dominick stopped to think[5] when he got to[6] the middle of the deer-park, for he had not made up his mind[7], when he left the house, and the whisky did not clear[8] his head, only it gev him courage.

He did not feel the cowld wind now, nor[9] fear death, nor think much of anything but the shame[10] and fall of the old family.

And he made up his mind, if no better thought came to him between that and there, so soon as he came[11] to Murroa Wood, he'd hang[12] himself from one of the oak branches with his cravat[13].

It was a bright moonlight night, there was just a bit[14] of a cloud driving across[15] the moon now and then[16], but, only for that[17], as light a'most as day.

Down he goes, right for the wood of Murroa. It seemed to him every step he took was as long as three, and it was no time till he was among the big oak-trees with their roots spreading[18] from one to another, and their branches stretching overhead like the timbers of a naked[19] roof, and the moon shining down through them, and casting[20] their shadows thick and twist[21] abroad[22] on the ground as black as my shoe.

---

1. **side door** : *petite porte, porte latérale* ; **side** : *côté* ; **side street**, *rue transversale* ; **side effect**, *effet secondaire*.

2. **out wid him** = **out with him**. *Cf.* traduction et note 10, p. 24.

3. **seen him walking** : verbe de perception (**see, hear, feel**) avec **-ing** si l'action dure un certain temps ; **I heard her singing**.

4. **hard** : (adv.) *dur, assidûment* ; **work hard** : *travailler dur*.

5. **stopped to think** : *s'arrêta pour* (**in order to**) *réfléchir* ; mais **stopped thinking**, *s'arrêta, cessa de réfléchir*.

6. **got to** : **arrived at**, *arriva à* ; **get, got, got** ou **gotten** (amér.).

7. **made up his mind** ou **made a decision** ou **decided**.

8. **clear** : **to clear**, *éclaircir, clarifier* ; **clear one's throat**, *s'éclaircir la voix* ; **clear**, *clair, pur*.

9. **neither... nor**, *ni... ni*.

10. **shame** : **shame upon you!** *honte à vous !* ; **shameful** : *honteux* ; **be ashamed of** : *avoir honte de*.

Là-dessus, il prend ce couloir-ci, tourne la clef de la porte latérale, au bout, et le voilà qui sort, arpentant le sol sous la lune et dans le vent froid. Et mon grand-père le voit qui marche d'un pas ferme en direction du mur du parc ; il rentre et referme la porte derrière lui, le cœur lourd.

Sir Dominick s'arrêta pour réfléchir quand il atteignit le milieu du bois aux cerfs, car il n'avait pas pris sa décision en quittant la maison et le whisky ne lui rendait pas les idées claires ; il lui donnait seulement du courage.

Il ne sentait pas le vent froid à présent ni ne craignait la mort ni ne pensait à grand-chose, hormis la honte et la chute de la vieille famille.

Et il décida, si aucune idée meilleure ne lui venait à l'esprit entre ici et là-bas – dès qu'il parviendrait à Murroa Wood – de se pendre à l'une des branches de chêne, à l'aide de son foulard.

Il faisait un clair de lune éclatant cette nuit-là ; seul un lambeau de nuage traversait l'astre de temps en temps mais, cela mis à part, il faisait presque aussi clair qu'en plein jour.

Et voilà Sir Dominick parti tout droit en direction du bois de Murroa. Il lui semblait que chaque pas qu'il faisait en valait trois et, en un rien de temps, il se trouva au milieu des grands chênes dont les racines se rejoignaient et dont les branches s'étiraient au-dessus de sa tête, telles les poutres d'un toit découvert, avec la lune qui brillait entre elles et projetait çà et là sur le sol leurs ombres, épaisses, tordues, noires comme mon soulier.

---

11. **so soon as he came** : **as soon as he came** : prétérit (ou présent) et non conditionnel (ni futur) après les conjonctions de temps **when, after, till ou until, as long as, while**…

12. **hang, hanged, hanged**, *pendre* (criminel) ; **hang, hung, hung**, *suspendre, accrocher*.

13. **cravat** : *cravate, foulard* (noué autour du cou).

14. **bit** : *morceau, bout* ; **a bit** : *un peu* ; **bit by bit**, *peu à peu*.

15. **drive along/acoss, drove, driven** : *pousser, chasser* (vent…) ; **drive a vehicle** : *conduire un véhicule*.

16. **now and then, from time to time** : *de temps à autre*.

17. **only for that, apart from that** : *à part ça/cela*.

18. **spreading** : **spread, spread, spread** : *s'étendre, s'étaler*.

19. **naked** : (m. à m.) *nu, dénudé* ; **stark naked**, *tout nu*.

20. **casting** : **cast, cast, cast** : *lancer, jeter* ; *projeter* (ombre).

21. **twist** : **twisted**, *tordu, foulé* (poignet, cheville).

22. **abroad** : *de tous côtés, dans toutes les directions*.

He was sobering[1] a bit by this time, and he slacked[2] his pace, and he thought 'twould be better to list in the French king's army, and thry what that might do for him, for he knew a man might take his own life any[3] time, but it would puzzle[4] him to take it back again when he liked.

Just as he made up his mind not to make away with[5] himself, what should he hear but a step clinkin' along the dry ground under the trees, and soon he sees a grand[6] gentleman right before him comin' up to meet him.

He was a handsome young man like himself, and he wore[7] a cocked-hat with gold-lace[8] round it, such as officers wear on their coats, and he had on a dress the same as[9] French officers wore in them times[10].

He stopped opposite[11] Sir Dominick, and he cum to a stand-still[12] also.

The two gentlemen took off[13] their hats to one another, and says the stranger[14]:

'I am recruiting, sir,' says he, 'for my sovereign, and you'll find my money won't turn into[15] pebbles, chips, and nutshells, by tomorrow.'

At the same time he pulls out a big purse full of gold[16].

The minute he set[17] eyes on that gentleman, Sir Dominick had his own[18] opinion of him; and at those words he felt the very hair standing up on his head.

'Don't be afraid, 'says he, 'the money won't burn[19] you. If it proves honest gold, and if it prospers with you, I'm willing[20] to make a bargain. This is the last day of February, 'says he; 'I'll serve

---

1. sober (up), 1. *se calmer*; 2. *dessoûler, désenivrer*; **upon sober reflection**, *après mûre réflexion*.

2. slack = slacken, *diminuer, réduire*.

3. any dans une phrase affirmative : any time, *n'importe quand*; anybody, *n'importe qui*; anything, *n'importe quoi*.

4. puzzle : *rendre/laisser perplexe*.

5. make away with = destroy, kill (especially oneself) ; remarquez la place de not dans l'infinitif négatif (*cf.* To be or not to be).

6. grand : *majestueux*; on a grand scale, *à très grande échelle*; live grandly, *mener grand train, vivre sur un grand pied*.

7. wear, wore, worn : *porter* (vêtements).

8. gold-lace : lace, *dentelle*.

9. the same as : *le même que*; other than : *autre que*.

10. in them times (populaire) : in those times : *à cette époque-là, en ce temps-là*.

Il se calmait un peu à ce stade et il ralentissait le pas ; il se disait qu'il ferait mieux de s'engager dans l'armée du roi de France, d'essayer de voir ce que cela pourrait lui apporter, car il savait qu'un homme avait le pouvoir de mettre fin à sa vie à tout moment mais qu'il se trouverait bien embarrassé pour la reprendre quand il le voudrait.

À l'instant précis où il décidait de ne pas se supprimer, qu'entendit-il ? Rien moins qu'un bruit de pas résonnant sur le sol sec, sous les arbres, et voilà qu'aussitôt il aperçut, droit devant lui, un monsieur plein de majesté, venant à sa rencontre.

C'était un jeune homme élégant comme lui ; il arborait un bicorne entouré de ce galon d'or que portent les officiers sur leurs habits et il avait une tenue identique à celle des officiers français de cette époque.

Il s'arrêta devant Sir Dominick et se tint immobile, lui aussi.

Les deux messieurs se saluèrent d'un coup de chapeau et l'étranger prit la parole :

— Je recrute, monsieur, pour mon souverain et vous découvrirez que mon argent ne se changera pas d'ici demain en cailloux, ni en copeaux ni en coques de noisettes ; et en même temps, il sortit une grosse bourse remplie d'or.

Dès l'instant où Sir Dominick avait posé son regard sur l'homme, il s'était forgé son opinion sur lui ; et en entendant ses paroles, il sentit même ses cheveux se dresser sur sa tête.

— N'ayez pas peur, dit l'étranger, l'argent ne vous fera aucun mal. Si c'est de l'or employé honnêtement, si vous le faites prospérer, je veux bien passer un marché avec vous. Aujourd'hui, c'est le dernier jour du mois de février, poursuivit-il. Je vous servirai

---

11. **opposite** (sans préposition !) : *en face de* ; **the house opposite the church** : *la maison en face de l'église*.

12. **cum** (**came**) **to a standstill** : **come to...** : *s'immobiliser* (personne), *s'arrêter* (production) ; **standstill** : *arrêt*.

13. **take**, **took**, **taken off** : *enlever* (vêtements).

14. **stranger** : *étranger, inconnu* ; **foreigner**, *étranger* (d'un autre pays).

15. **turn into**, **change into** : *se changer en, se transformer en*.

16. **a bag full of gold** ou **a bagful of gold** : *un sac plein d'or*.

17. **set, set, set** : *poser, mettre*.

18. **own** (*propre*) renforce l'idée de possession (**owner** : *propriétaire*) ; **it's my own house, it's my own**.

19. **burn, burnt, burnt** : *brûler* ; **burn up**, *consumer entièrement* ; **burn down**, *détruire par le feu*.

20. **willing** : *prêt, disposé à* ; **will you help me? I'm perfectly willing** : *voulez-vous m'aider ? Bien volontiers*.

you seven years, and at the end of that time you shall[1] serve me, and I'll come for[2] you when the seven years is over, when the clock turns the minute between February and March; and the first of March ye'll come away with me, or never. You'll not find[3] me a bad master, any more than a bad servant. I love my own[4]; and I command[5] all the pleasures and the glory of the world. The bargain dates from[6] this day, and the lease[7] is out[8] at midnight[9] on the last day I told you; and in the year' – he told him the year, it was easy reckoned[10], but I forget it – 'and if you'd rather wait,' he says, 'for eight months and twenty eight days, before you sign the writin'[11], you may, if you meet me here. But I can't do a great deal[12] for you in the mean time; and if you don't sign then, all you get from me, up to that time, will vanish away, and you'll be just as you are to-night, and ready to hang yourself on the first tree you meet[13].'

Well, the end[14] of it was, Sir Dominick chose[15] to wait, and he came back to the house with a big bag full of money, as round as your hat a'most.

My grandfather was glad enough[16] you may be sure, to see the master safe and sound again so soon. Into the kitchen he bangs again[17], and swings[18] the bag o' money on the table; and he stands up straight, and heaves up his shoulders like a man that has just got shut of[19] a load; and he looks at the bag, and my grandfather looks at him, and from him to it, and back again. Sir Dominick looked as white as a sheet[20], and says he:

---

1. **shall** marque l'autorité, le commandement, la volonté ferme du locuteur.
2. **for** : **look for**, *chercher du regard*.
3. **find, found, found**, *trouver*; **a find**, *une trouvaille*.
4. **own** : **my own**, *mon bien-aimé, ma bien-aimée*; '**and His own received Him not**', « *et les siens ne l'ont pas reçu.* » (Évangile selon saint Jean, à propos de Jésus).
5. **command**, *commander, être le maître de*.
6. **date from**, *compter à partir de, dater de*.
7. **lease**, **contract**, *bail*; **long lease**, *bail à long terme*.
8. **is out**, **ends**, **comes to an end**, *prend fin*.
9. **midnight**, *minuit*; **midday**, *midi*; **middle**, *milieu*.
10. **easy reckoned = easily counted**, (m. à m.), *facilement compté*; '**Short reckonings make long friends**', « *Les bons comptes font les bons amis* ».

sept années durant et, à la fin de cette période, vous me servirez, moi, et je viendrai vous chercher quand les sept années se seront écoulées, quand l'horloge marquera la minute du passage entre février et mars. Et le premier mars ou jamais... vous viendrez avec moi. Vous ne trouverez pas en moi un mauvais maître pas plus que je ne serai un mauvais serviteur. J'aime les miens et je suis le maître de tous les plaisirs et de toute la gloire du monde. Le marché prend effet aujourd'hui et le contrat vient à terme à minuit, le dernier jour que j'ai mentionné, et l'année... – il lui dit laquelle, c'était simple à calculer, mais j'ai oublié – et si vous préférez attendre, dit-il, huit mois et vingt-huit jours avant de signer le document, vous le pouvez, si vous me retrouvez ici. Mais je ne puis faire grand-chose pour vous entre-temps ; et si vous ne signez pas alors, tout ce que vous obtiendrez de moi jusque-là, s'évanouira et vous serez exactement tel que vous l'êtes ce soir, prêt à vous pendre au premier arbre que vous trouverez sur votre chemin.

Bref, la conclusion de tout cela fut que Sir Dominick choisit d'attendre ; il s'en retourna à la maison avec un sac plein d'argent, presque aussi rond que votre chapeau.

Mon grand-père fut tout heureux, vous pouvez en être sûr, de revoir si vite son maître sain et sauf. Voilà que celui-ci s'engouffre de nouveau dans la grande cuisine et jette brusquement sur la table le sac d'argent. Il se dresse de toute sa hauteur et remonte les épaules comme un homme qui vient de se décharger d'un fardeau ; il regarde le sac, mon grand-père regarde son maître, le quitte des yeux, regarde à nouveau le sac puis encore Sir Dominick. Celui-ci était blanc comme un linge ; il dit :

---

11. **writing** : *écrit, document, papier, convention écrite* ; **write, wrote, written**, *écrire*.

12. **a great deal (of)** : **a lot (of), lots (of)** : *beaucoup (de)*.

13. **on the first tree (which) you (will) meet (met, met)**.

14. **end**, *fin, achèvement, aboutissement*.

15. **choose, chose, chosen**, *choisir* ; **chose to**, *décider, juger bon de* ; **I didn't choose to do so**, *j'ai décidé de ne pas le faire* ou *je ne l'ai pas fait de mon propre gré*.

16. **glad enough** : remarquez la place de **enough**.

17. **bangs** évoque la brusquerie, une porte claquée.

18. **swing, swung, swung**, *balancer, envoyer* ; **he swung the case up on to his shoulders** : *il a balancé la valise sur ses épaules* ; **a swing** : *une balançoire*.

19. **shut of, rid of**, *débarrassé de*.

20. **sheet**, *drap* ; **contour sheet**, *drap-housse*.

'I don't know, Con, what's in it; it's the heaviest load[1] I ever carried.'

He seemed shy[2] of openin' the bag; and he made my grandfather heap up[3] a roaring[4] fire of turf and wood, and then, at last, he opens it, and, sure enough[5], 'twas stuffed full[6] o' golden guineas, bright and new, as if they were only that minute out o' the Mint[7].

Sir Dominick made my grandfather sit at his elbow[8] while he counted every guinea in the bag.

When he was done countin'[9], and it wasn't far from daylight when that time came, Sir Dominick made my grandfather swear[10] not to tell a word about it. And a close[11] secret it was for many a day after.

When the eight months and twenty-eight days were pretty[12] near[13] spent[14] and ended, Sir Dominick returned to the house here with a troubled mind, in doubt what was best to be done, and no one alive[15] but[16] my grandfather knew anything about the matter[17], and he not half[18] what had happened.

As the day drew near, towards the end of October, Sir Dominick grew[19] only more and more troubled in mind[20].

One time he made up his mind to have no more to say to such things, nor to speak again with the like of them he met[21] with in the wood of Murroa. Then, again, his heart[22] failed[23] him when he thought of his debts, and he not knowing where to turn. Then, only a week before the day, everything began to go wrong[24] with him.

---

1. **load** : *charge, chargement*; **that's a load off my mind!** *quel soulagement pour moi!*; **to load**, *charger*.

2. **shy** : *timide*; *craintif* (animal).

3. **heap up** : *empiler* (ici, bois, tourbe); **heap, pile** : *tas*.

4. **to roar**, *rugir* (lion...), *ronfler* (feu).

5. **sure enough** : *effectivement, en effet, comme prévu*.

6. **to stuff**, *bourrer, remplir*; **full** : *plein*.

7. **the Mint where money is coined** (où la monnaie est frappée).

8. Notez que **made** est suivi du verbe, sans **to**; **elbow** : *coude*.

9. Remarquez l'emploi de **be** : *quand il eut fini de compter* (aussi : **when he had finished counting**).

10. **swear, swore, sworn** : *jurer*; **I swear it!** *je le jure!*

11. **close, secretive** : *renfermé, peu communicatif.*

12. **pretty** : (adv.) *assez*; **pretty cold**, *assez froid*.

13. **near** (*proche*) employé pour l'adv. **nearly** (*presque*).

— Je ne sais pas ce qu'il y a là-dedans, Connor. C'est le poids le plus lourd que j'aie jamais porté.

Il semblait avoir peur d'ouvrir le sac ; il demanda à mon grand-père de préparer un grand feu de tourbe et de bois et puis, enfin, il l'ouvrit ; il était bel et bien bourré de pièces d'or d'une guinée, étincelantes et neuves comme si elles sortaient à l'instant de l'hôtel de la Monnaie.

Sir Dominick fit asseoir mon grand-père à ses côtés pendant qu'il comptait une à une les pièces contenues dans le sac.

Quand il eut terminé – et il n'était pas loin de faire jour au moment où cela arriva – Sir Dominick fit jurer mon grand-père de ne pas dire un mot de toute cette histoire. Ce fut un secret bien gardé de nombreux jours après.

Lorsque les huit mois et vingt-huit jours furent tout près d'être écoulés, révolus, Sir Dominick revint ici dans le manoir, l'esprit troublé, plein de doutes quant à ce qu'il y avait de mieux à faire ; de plus, pas un seul être sur terre, à part mon grand-père, n'était au courant de quoi que ce soit et lui-même ne savait pas la moitié de ce qui s'était passé.

À mesure que l'échéance approchait, vers la fin d'octobre, Sir Dominick était de plus en plus perturbé.

Un jour il décidait de ne plus se mêler de ces histoires, ni de reparler au genre de personnes qu'il rencontrait dans le bois de Murroa. Puis, de nouveau, le cœur lui manquait quand il pensait à ses dettes et qu'il ne savait de quel côté se tourner. Puis seulement une semaine avant le jour fixé, tout commença à aller mal pour lui.

---

14. **spend, spent, spent** : *passer* (temps), *dépenser* (argent).
15. **alive** : *vivant, en vie* ; **no man alive**, *personne au monde*.
16. **but, except** : *sauf, excepté, à part*.
17. **matter** : *question, affaire, problème*. **What is the matter?** *Qu'est-ce qui se passe ? Quel est le problème ?*
18. **and he not half...** = and he did not know half...
19. **grow, grew, grown** ou **get, got, got** + adj. : *devenir* ; **get** : **grow old** : *vieillir*.
20. **mind** : *esprit* ; **his mind is going** : *il n'a plus toute sa tête*.
21. **the like of them he met** : *the people of the kind (sort) he met, les gens du genre de ceux qu'il rencontrait* ; **the likes of him** : *les gens comme lui, de son acabit*.
22. **heart** : *cœur, courage* ; **I didn't have the heart to tell him** : *je n'ai pas eu le cœur de le lui dire*.
23. **fail** : *manquer à, faire défaut à, trahir* ; **her memory often fails her** : *sa mémoire lui fait souvent défaut*.
24. **wrong** : **what's wrong?** *qu'est-ce qui ne va pas ?*

One man wrote from London to say that Sir Dominick paid three thousand pounds to the wrong[1] man, and must pay it over again; another demanded[2] a debt he never heard of[3] before; and another, in Dublin, denied the payment of a thundherin'[4] big bill, and Sir Dominick could nowhere find the receipt, and so on[5], wid fifty other things as bad.

Well, by the time the night of the 28th of October came round, he was a'most ready to lose his senses[6] with all the demands that was risin' up again him[7] on all sides, and nothing to meet[8] them but the help of the one dhreadful friend he had to depind on[9] at night in the oak-wood down there below.

So there was nothing for it[10] but to go through with[11] the business that was begun already, and about the same hour as he went last[12], he takes off the little crucifix he wore round his neck, for he was a Catholic, and his gospel, and his bit o' the thrue cross[13] that he had in a locket, for since he took the money from the Evil[14] One he was growin' frightful in himself, and got all he could to guard[15] him from the power of the devil. But to-night, for his life, he daren't take them with him. So he gives them into my grandfather's hands without a word, only he looked as white as a sheet[16] o' paper; and he takes his hat and sword, and telling my grandfather to watch for him, away he goes, to try what would come of it[17].

It was a fine still night, and the moon – not so bright, though[18], now as the first time – was shinin' over heath and rock, and down on the lonesome oak-wood below him.

---

1. **wrong** : *erroné, faux, qui ne va pas* ; **you' ve put it back in the wrong place** : *tu ne l'as pas remis à la bonne place.*

2. **demand** plus fort que **ask** : *exiger.*

3. **he never heard of** : rejet de la préposition avec la suppression du relatif (**of which he never heard**).

4. **thundering** : **a thundering great lie**, *un énorme mensonge* ; **this novel is a thundering good read**, *ce roman est vraiment génial.*

5. **and so on** (and so forth) : *et ainsi de suite.*

6. **senses** : *raison* ; **come to one's senses** : *revenir à la raison.*

7. **risin(g) up again(st) him** : (m. à m.) *se levant contre lui* ; **rise, rose, risen** : *se lever* ; *se mettre debout.*

8. **meet, met, met** : (ici) *faire face à, affronter* (danger...).

9. **depend on** : (remarquez la préposition) *dépendre de.*

Un homme écrivit de Londres pour dire que Sir Dominick avait payé trois mille livres à une personne à qui il ne devait rien et qu'il lui fallait verser de nouveau cet argent ; un autre exigea une dette dont il n'avait jamais entendu parler ; un troisième, à Dublin, nia le paiement d'une énorme facture et Sir Dominick ne put trouver nulle part le reçu ; et ainsi de suite, sans compter cinquante autres choses aussi désagréables.

Bref, quand vint le soir du 28 octobre, il était presque sur le point de perdre la raison, avec toutes ces revendications qui l'assaillaient de tous côtés, sans rien d'autre pour y faire face que l'aide du seul et unique ami redoutable dont il dépendait, la nuit, là-bas, dans la forêt de chênes située en contrebas.

Il n'y avait donc rien à faire que d'aller jusqu'au bout de l'opération déjà entamée et, à environ la même heure que la dernière fois, il enleva le petit crucifix qu'il portait autour du cou (il était catholique), prit la bible, le fragment de l'authentique croix du Christ qu'il gardait dans un médaillon car, depuis qu'il avait accepté de l'argent du Malin, il était habité par la peur et collectionnait tout ce qui pouvait le protéger du pouvoir du diable. Mais ce soir, oh ! grand jamais, il n'osait les emporter avec lui. Il les remit donc entre les mains de mon grand-père sans prononcer un mot, mais il était blanc comme un linge ; il prit son chapeau et son épée et, demandant à mon grand-père de veiller sur lui, il s'en alla voir ce qu'il en adviendrait.

C'était une belle nuit calme et la lune, moins lumineuse aujourd'hui cependant que la première fois, brillait sur la lande et les rochers et le bois de chênes solitaire situé au-dessous, en contrebas.

---

10. **nothing for it** : *nothing else to do* : *rien d'autre à faire*.

11. **go through with** = **complete**, **carry out**, *exécuter, mener à bonne fin/à son terme*.

12. **last** (adj.) : **the last time** : *la dernière fois* ; **last** (adv.) : *dernier* ; **last but not least**, *le dernier mais non le moindre*.

13. **the t(h)rue cross** : (m. à m.) la vraie croix.

14. **evil** : *méchant, malfaisant* ; **evil-minded** : *malveillant, mal intentionné* ; **the forces of evil** (n.) *les forces du mal*.

15. **guard... from**, **protect from** : *protéger de*.

16. **sheet** : 1. *feuille* ; 2. *drap* (*cf.* plus haut).

17. **come of it**, result from it : *en résulter*.

18. **though** (adv., souvent en fin de phrase) : *pourtant, cependant* ; **it's not easy though**, *ce n'est pourtant pas facile*.

His heart beat thick[1] as he drew near it[2]. There was not a sound, not even the distant bark of a dog from the village behind him. There was not a lonesomer spot in the country round, and if it wasn't for his debts and losses[3] that was drivin' him on half mad[4], in spite of his fears[5] for his soul and his hopes of paradise, and all his good angel was whisperin' in his ear, he would a' turned back, and sent for[6] his clargy, and made his confession and his penance, and changed his ways[7], and led a good[8] life, for he was frightened enough to have done a great dale[9].

Softer and slower he stept[10] as he got, once[11] more, in undher the big branches of the oak-threes; and when he got in a bit, near where he met with the bad spirit before, he stopped and looked round him, and felt himself, every bit[12], turning as cowld as a dead man, and you may be sure he did not feel much betther when he seen[13] the same man steppin' from behind the big tree that was touchin' his elbow a'most.

'You found the money good,' says he, 'but it was not enough. No matter, you shall have enough and to spare[14]. I'll see after[15] your luck[16], and I'll give you a hint[17] whenever it can serve you; and any time you want to see me you have only to come down here, and call my face to mind, and wish me present. You shan't owe[18] a shilling by the end of the year, and you shall never miss[19] the right card, the best throw[20], and the winning horse. Are you willing?'

The young gentleman's voice almost stuck[21] in his throat, and his hair was rising on his head, but he did get out a word or two

---

1. **thick and fast**, quickly and in large number : *phone calls began to come in thick and fast* : *il y eut une avalanche de coups de téléphone*.

2. **drew near it** = approached it : *en approchait*.

3. **loss** : *perte*; **a dead loss**, *une perte sèche*.

4. **driving... mad** : notez cet emploi de **to drive**.

5. **fear** : *crainte*; **to fear** : *craindre*.

6. **send for**, **sent**, **sent** : *faire venir, mander* (docteur...).

7. **ways** : **habits**; **mend or improve one's ways**, *s'amender*.

8. **good**, **morally correct** : *live or lead a good life* : *mener une vie vertueuse*.

9. **dale** : déformation de **deal** ('bargain'), *marché, affaire*.

10. **stept** : déformation de **stepped**; **to step** : *faire un pas* (**a step**) ou *des pas*; *he stepped in*, *il entra*.

11. **once, twice, three times** : *une fois, deux fois, trois fois*.

12. **every bit** = **totally, completely** : *totalement*; *he is every bit a soldier*, *il est militaire jusqu'à la moelle*.

40

Son cœur battait la chamade à mesure qu'il approchait. Il n'y avait pas un seul bruit, pas même l'aboiement lointain d'un chien, provenant du village situé derrière lui. Il n'y avait pas d'endroit plus sinistre dans le pays alentour et, n'eussent été ses dettes et ses pertes qui le rendaient à moitié fou, en dépit de ses craintes pour son âme et de ses aspirations au paradis et de tout ce que son bon ange lui murmurait à l'oreille, il aurait rebroussé chemin et fait venir son curé, il se serait confessé, il aurait fait sa pénitence, il se serait amendé et il aurait mené une vie vertueuse, car il était assez effrayé d'avoir conclu un pacte de haute importance.

Il allait d'un pas plus silencieux et plus lent tandis qu'il pénétrait, une fois encore, sous le couvert des grosses branches des chênes ; quand il eut avancé un peu, près de l'endroit où il avait rencontré l'esprit malin auparavant, il s'immobilisa, jeta un regard circulaire et se sentit, dans tous ses membres, devenir froid comme un cadavre ; vous pouvez être certain qu'il n'éprouva rien de mieux quand il vit le même homme surgir de derrière le gros arbre, frôlant son coude.

— Vous avez apprécié l'argent, dit-il, mais il ne vous a pas suffi. Peu importe, vous en aurez assez et plus qu'il ne vous en faudra. Je veillerai à votre bonheur et je vous donnerai un conseil chaque fois que cela pourra vous être utile. Et chaque fois que vous voudrez me voir, vous n'aurez qu'à venir ici, rappeler mon visage à votre mémoire et souhaiter ma présence. Vous ne me devrez pas un shilling à la fin de l'année et vous aurez toujours la bonne carte à jouer, le meilleur coup de dés, le cheval gagnant. Êtes-vous consentant ?

Le jeune homme en perdit presque la voix, ses cheveux se dressèrent sur sa tête, mais il prononça bel et bien un mot ou deux

---

13. **he seen** (populaire) : **he saw** ; **see, saw, seen** : *voir*.

14. **to spare** : **she had a meter to spare**, *elle en avait un mètre de trop* ou *plus que nécessaire* ; **with two minutes to spare**, *avec deux minutes d'avance*.

15. **see after, take care of, take the responsibility for** : *prendre soin de, prendre en main*.

16. **luck** : *bonne fortune, chance, bonheur* ; **lucky** : *chanceux*.

17. **a hint** : *indice* (pour mettre sur la voie) ; **I'll give you a hint, the answer has two words**, *je vais te mettre sur la piste, la réponse tient en deux mots*.

18. **owe somebody something** : *devoir qch à qn*.

19. **miss** : *laisser échapper, ne pas profiter de, manquer* (une occasion...)

20. **a throw** : *un jet* ; **to throw, threw, thrown** : *jeter*.

21. **stick, stuck, stuck** : *coller*.

to signify that he consented; and with that the Evil One[1] handed[2] him a needle, and bid[3] him give him three drops of blood from his arm; and he took them in the cup of an acorn, and gave him a pen, and bid him write some words that he repeated, and that Sir Dominick did not understand, on two thin slips[4] of parchment. He took one himself and the other he sunk[5] in Sir Dominick's arm at the place where he drew[6] the blood, and he closed[7] the flesh over it. And that's as true as you're sittin' there!

Well, Sir Dominick went home[8]. He was a frightened[9] man, and well[10] he might be. But in a little time[11] he began to grow aisier[12] in his mind. Anyhow, he got out of debt very quick, and money came tumbling in[13] to make him richer, and everything he took in hand prospered, and he never made a wager[14], or played a game, but he won; and for[15] all that, there was not a poor man on the estate that was not happier than Sir Dominick.

So he took[16] again to his old ways; for, when the money came back, all came back, and there were hounds and horses, and wine galore, and no end of[17] company, and grand doin's[18], and divarsion, up here at the great house. And some said Sir Dominick was thinkin' of gettin' married; and more said he wasn't. But, anyhow, there was somethin' troublin' him more than common, and so one night[19], unknownst to all[20], away he goes to the lonesome oak-wood. It was something, maybe, my grandfather thought was troublin' him about a beautiful young lady he was jealous of, and mad in love with her. But that was only a guess.

---

1. **the Evil One** : *le Mauvais, le Malin* ; **good and evil**, *le bien et le mal* ; **evil** (adj.) *méchant, malfaisant* (personne) ; *néfaste*.

2. **to hand**, *donner, passer* (avec la **main, hand**).

3. **bid, bade** ou **bid, bidden** ou **bid** : *enjoindre, ordonner*.

4. **a slip of paper**, *un bout, un morceau de papier* ; **a mere slip of a girl** : *une gamine ou une jeune fille gracile*.

5. **sink, sank, sunk** : *enfoncer* ; *couler* (navire).

6. **draw, drew, drawn** : (ici) *extraire, puiser* ; **draw blood from somebody's arm** : *faire une prise de sang à qn*.

7. **closed** : **to close**, *fermer* ; **close the door** : *fermez la porte*.

8. **went home** : sans préposition !

9. **to frighten**, *effrayer, faire peur à* ; **be frightened to death**, *être mort de peur*.

10. **well** exprime ici « une bonne raison de » : **you could well refuse to go**, *vous pourriez à juste titre refuser d'y aller*.

pour signifier son accord ; là-dessus, le Malin lui passa une aiguille et lui intima l'ordre de lui donner trois gouttes du sang de son bras ; il les recueillit dans le creux d'un gland, lui tendit une plume et lui ordonna d'écrire quelques mots (qu'il répéta, incompris de Sir Dominick) sur deux minces bouts de parchemin. Il en prit un lui-même et quant à l'autre, il l'introduisit dans le bras de Sir Dominick, à l'endroit où il avait tiré le sang et il referma la chair par-dessus. Cela est aussi vrai que vous êtes assis là devant moi !

Bref, Sir Dominick rentra chez lui. Il était effrayé et ce n'était pas sans raison ! Mais peu de temps après, il commença à retrouver sa tranquillité d'esprit. En tout cas, il s'acquitta rapidement de ses dettes et l'argent lui tomba entre les mains, faisant de lui un homme plus riche ; tout ce qu'il entreprit fut couronné de succès ; il ne pariait jamais ni ne jouait sans qu'il gagnât ; et malgré tout, il n'y avait pas un seul pauvre dans le domaine qui ne fût plus heureux que Sir Dominick.

Il reprit donc ses vieilles habitudes car, lorsque l'argent revenait, tout revenait et ce furent les chiens et les chevaux, le vin à profusion, la foule des invités, les fêtes somptueuses, les réjouissances, ici dans la vaste demeure. Certains disaient que Sir Dominick songeait à se marier ; d'autres prétendaient qu'il n'en était rien. Mais quoi qu'il en soit, il y avait quelque chose qui le tracassait plus que de coutume ; aussi, une nuit, à l'insu de tous, le voilà parti pour la sinistre forêt de chênes. C'était peut-être, pensait mon grand-père, quelque chose qui le tourmentait, concernant une belle jeune dame dont il était jaloux et follement amoureux. Mais ce n'était là que conjecture.

---

11. **in a little time** (sing.), mais **in a few minutes** (pl).

12. **aisier** = **easier** ; **feel easy in one's mind** : *être tout à fait tranquille, ne pas se faire de souci.*

13. **came tumbling in** (**into his lap**, *genoux*) : **was gained without effort** : *lui tomba entre les mains* (à profusion).

14. **made** (**laid**) **a wager** : *fit un pari* ; **to wager** : *parier.*

15. **for, in spite of** : *malgré* ; **for all his wealth** : *malgré toute sa richesse.*

16. **take** (**took, taken**) **to**, *se mettre à, prendre* (une habitude…) ; **take to drink** : *se mettre à boire.*

17. **there was no end of…** : *il y avait une masse de, un tas de, énormément de…*

18. **doing(s), do** (n.) : *fête* ; **he had a big do for his birthday** : *il a fait une grande fête pour son anniversaire.*

19. **one night, one day** : *une (certaine) nuit, un (certain) jour.*

20. **unknown(st) to all** : (m. à m.) *inconnu de tous.*

Well, when Sir Dominick got into the wood this time, he grew more in dread[1] than ever; and he was on the point of turnin'[2] and lavin'[3] the place, when who should he see, close beside him, but my gentleman, seated[4] on a big stone undher one of the trees. In place of[5] looking the fine young gentleman in goold lace and grand clothes he appeared before, he was now in rags[6], he looked twice the size[7] he had been, and his face smutted with[8] soot, and he had a murtherin' big[9] steel hammer, as heavy as a half-hundred, with a handle a yard[10] long, across his knees. It was so dark under the tree, he did not see him quite clear for some time.

He stood up, and he looked awful tall[11] entirely. And what passed between them in that discourse my grandfather never heered. But Sir Dominick was as black as night afterwards[12], and hadn't a laugh[13] for anything nor a word a'most for any one, and he only grew worse and worse, and darker and darker[14]. And now this thing, whatever it was, used to come to him of its own accord[15], whether[16] he wanted it or no; sometimes in one shape[17], and sometimes in another, in lonesome places, and sometimes at his side by night when he'd be ridin' home alone, until at last he lost heart altogether[18] and sent for the priest.

The priest was with him a long time, and when he heered[19] the whole[20] story, he rode off all the way for the bishop, and the bishop came here to the great house next day, and gev Sir Dominick a good advice[21].

---

1. **dread** : *terreur, effroi* ; **be or stand in dread of sth** : *redouter qch., vivre dans la crainte de qch.*
2. **on the point of turning, about to turn** : *sur le point de tourner.*
3. **lavin'** : **leaving** ; **leave, left, left**, *laisser, quitter.*
4. **seated** ou **sitting** : *assis* ; **sit down, sat, sat**, *s'asseoir.*
5. **in place of, instead of** : *au lieu de.*
6. **rags** : *guenilles, haillons* ; **ragged** : *déguenillé.*
7. **size** : *taille* (personne) ; *grandeur, dimensions* (pièce...).
8. **smutted with**, **tarnished with**, **blackened with** : *taché de.*
9. **murthering big** : **murdering big, extremely big.**
10. **yard = three feet** (*pieds*) = *91,44 cm.*
11. **awful(ly) tall** : **very, very tall** : *très, très grand.*
12. **afterwards** : *après, ensuite, plus tard, par la suite.*
13. **laugh** : *rire* ; **he has a very distinct laugh**, *il a un rire très caractéristique* ; **to laugh** : *rire* ; **to laugh at** : *se moquer de.*

44

Bref, quand Sir Dominick pénétra dans la forêt, cette fois, il éprouva plus de peur que jamais ; il était sur le point de rebrousser chemin et de quitter l'endroit quand, que vit-il ! tout près de lui, nul autre que mon individu, assis sur une grosse pierre, sous l'un des arbres. Au lieu du beau jeune homme paré de dentelle et vêtu de beaux habits qui s'était présenté auparavant, il y avait là un personnage en haillons à présent ; il paraissait deux fois plus grand, il avait le visage maculé de suie et il portait sur les genoux un énorme marteau en acier, pesant un demi-quintal, avec un manche d'un mètre de long. Il faisait si noir sous l'arbre que Sir Dominick ne distingua pas nettement ses traits pendant quelques instants.

Il se leva et parut d'une taille affreuse, vraiment démesurée. Et ce qui se passa entre eux au cours de ce dialogue, mon grand-père ne le sut jamais. Mais par la suite, Sir Dominick devint sombre comme la nuit ; rien ne le faisait rire ; il ne disait pratiquement pas un mot à quiconque ; son état ne fit qu'empirer ; il était de plus en plus mélancolique. Et maintenant ce personnage, quel qu'il fût, prenait l'initiative de venir à lui, que cela lui plaise ou non, tantôt sous une forme, tantôt sous une autre, tantôt dans des endroits déserts, tantôt à ses côtés, la nuit, quand il rentrait chez lui, seul, sur son cheval, jusqu'à ce que, enfin, Sir Dominick, perdît tout courage et fît venir le prêtre.

Le prêtre demeura longtemps avec lui et quand il eut entendu toute l'histoire, il entreprit le long voyage pour aller chercher l'évêque et l'évêque vint jusqu'ici, jusqu'à la grande demeure, le lendemain, et il donna à Sir Dominick un bon conseil.

---

14. **darker and darker, more and more melancholy** : traduction de *de plus en plus* avec adj. courts et longs !

15. **accord** : *consentement, accord* ; **I did it of my own accord** : *je l'ai fait de moi-même.*

16. **whether... or not** : **whether you like it or not** : *que ça te plaise ou non.*

17. **shape** : 1. *forme* ; 2. *silhouette* ; **shapeless** : *sans forme.*

18. **altogether** : *complètement, tout à fait.*

19. **heerd** = **heard** ; **to hear, heard, heard** : *entendre* ; **hard of hearing** : *dur d'oreille* ; **hearing aid** : *appareil auditif.*

20. **whole** : *entier, complet* ; **the whole family** : *toute la famille* (l'ensemble) ; **all the members of the family** : *tous les membres de la famille.*

21. **advice** : *des conseils* ; **a piece of advice**, *un conseil* ; attention ! **a good advice** serait incorrect aujourd'hui ! **To advise**, *conseiller.*

He toult him he must give over[1] dicin' and swearin', and drinkin', and all bad company[2] and live a vartuous steady[3] life until the seven years' bargain was out[4], and if the divil didn't come for him the minute afther the stroke[5] of twelve the first morning of the month of March, he was safe out of the bargain. There was not more than eight or ten months to run[6] now before the seven years wor out, and he lived all the time according to[7] the bishop's advice, as strict[8] as if he was 'in retreat.'

Well, you may guess he felt quare[9] enough when the mornin' of the 28th of February came.

The priest came up by appointment[10], and Sir Dominick and his raverence wor together in the room you see there[11], and kep'[12] up their prayers together till the clock struck twelve, and a good hour after, and not a sign of a disturbance[13], nor nothing came near them, and the priest slep' that night in the house in the room next[14] Sir Dominick's, and all went over as comfortable[15] as could be, and they shook hands[16] and kissed like two comrades[17] after winning a battle.

So, now, Sir Dominick thought he might as well have a pleasant evening, after all his fastin'[18] and praying; and he sent[19] round to half a dozen[20] of the neighbouring gentlemen to come and dine with him, and his raverence stayed and dined also, and a roarin' bowl o' punch they had, and no end o' wine, and the swearin' and dice, and cards and guineas changing hands, and songs and stories, that wouldn't do any one good[21] to hear, and the priest slipped away[22], when he seen the turn things was takin',

---

1. **give over** ou **give up** ou **stop** + ing : *cesser de, renoncer à, abandonner*.

2. **keep/get into bad company** : *avoir de mauvaises fréquentations*.

3. **steady** (personne) : *rangé, sérieux, posé*.

4. **be out, end, come to an end** : *s'achever*.

5. **stroke** : *coup* ; **strike, struck, struck** : *frapper*.

6. **to run, ran, run** : (ici) *poursuivre son existence, se continuer, courir* (contrat, intérêts...).

7. **according to** : *selon, conformément à, suivant*.

8. **srict** employé dans un sens adverbial (**strictly**).

9. **quare** : déformation de **queer** (*bizarre* ; ici, *troublé, perturbé*).

10. **appointment** : *rendez-vous* ; **make an appointment with sb**, *donner rendez-vous à qn, prendre rendez-vous avec qn*.

11. **the room (which) you see there** : omission fréquente du relatif complément (**which, whom**) dans la conversation.

12. **kep'** = **kept** ; **keep up, kept, kept, continue**, *continuer, poursuivre*.

Il lui dit qu'il fallait cesser de jouer aux dés, de jurer, de boire, abandonner toutes mauvaises fréquentations et mener une vie vertueuse, ordonnée, jusqu'à ce que le contrat de sept ans fût expiré et que, si le diable ne venait pas le chercher à la minute qui suivrait le coup de minuit, au premier matin du mois de mars, il serait dégagé dudit contrat, hors de danger. À présent, il ne restait pas plus de huit ou dix mois avant que les sept années fussent écoulées, et Sir Dominick vivait tout le temps en conformité avec les conseils de l'évêque, avec autant de rigueur que s'il eût été « en retraite ».

Eh bien, vous pouvez imaginer qu'il était sens dessus dessous lorsque arriva le matin du 28 février.

Le prêtre se présenta comme convenu, et Sir Dominick et son Révérend Père se retrouvèrent dans la pièce que vous voyez là et ils continuèrent à prier jusqu'à ce que l'horloge sonne minuit et une bonne heure au-delà ; il n'y eut pas un signe de bouleversement ni personne qui s'approchât d'eux ; l'ecclésiastique dormit cette nuit-là dans la maison, dans la chambre voisine de celle de Sir Dominick et tout se passa aussi sereinement que possible. Ils se serrèrent la main, s'embrassèrent comme deux camarades qui viennent de gagner une bataille.

Aussi à présent, Sir Dominick se dit qu'il pourrait aussi bien passer une bonne soirée après tout ce jeûne et toutes ces prières. Et il demanda qu'on fît venir pour dîner avec lui une demi-douzaine de messieurs du voisinage ; son Révérend Père resta dîner, lui aussi ; ils burent un énorme bol de punch et du vin à profusion ; on jura, on joua aux dés, aux cartes ; les guinées passaient de main en main ; ce furent des chansons et des histoires qui n'étaient bonnes à entendre par personne ; puis le prêtre s'en alla discrètement quand il vit la tournure que prenaient les événements,

---

13. **disturbance, agitation, confusion, disorder** : *troubles, agitation* ; **to disturb** : *déranger, troubler*.

14. **next (to) Sir Dominick's (room)** : traduction de *celui de, celle de* par le cas possessif incomplet ('s).

15. **comfortable, mentally at ease** : *rassuré, tranquille*.

16. **shake hands with sb, shook, shaken** ou **shake sb's hand**, *serrer la main à qn* ; **to shake** : *secouer*.

17. **comrade : comrade-in-arms**, *compagnon d'armes*.

18. **fastin' : fasting** (action de *jeûner*, **to fast**) ; **breakfast** : le repas qui *rompt* (**breaks**) le « *jeûne* » (**fast**) de la nuit.

19. **to send, sent, sent** : *envoyer*.

20. **half a dozen** : place de **a** ! ; **half an hour**, *une demi-heure*.

21. **to do good** (pas **make** !) : *faire du bien*.

22. **slipped away, left quietly** : *s'en alla sans faire de bruit*.

and it was not far from[1] the stroke of twelve when Sir Dominick, sitting at the head[2] of his table, swears, 'this is the best first of March I ever[3] sat down to with my friends.'

'It ain't the first[4] o'March,' says Mr. Hiffernan of Ballyvoreen. He was a scholard[5], and always kep' an almanack.

'What is it, then?' says Sir Dominick, startin' up[6] and dhroppin' the ladle into the bowl, and starin' at him as if he had two heads.

'Tis the twenty-ninth of February, leap year[7],' says he. And just as they were talkin', the clock strikes twelve; and my grandfather, who was half asleep[8] in a chair by the fire[9] in the hall, openin' his eyes[10], sees a short square[11] fellow[12] with a cloak on, and long black hair bushin' out[13] from under his hat, standin' just there where you see the bit o' light shinin' again'[14] the wall.

(My hunchbacked friend pointed with his stick to a little patch[15] of red sunset light[16] that relieved the deepening[17] shadow of the passage.)

'Tell you master,' says he, in an awful voice, like the growl of a baist, 'that I'm here by appointment, and expect him downstairs this minute.'

Up goes my grandfather, by these very steps[18] you are sittin' on.

'Tell him I can't come down yet,' says Sir Dominick, and he turns to the company in the room, and says he with a cold sweat[19] shinin' on his face, 'for God's sake, gentlemen, will any of you jump from the window and bring[20] the priest here?

---

1. far from : *loin de* (notez la préposition from).

2. head : (ici) *bout* (de table), *chevet*, *tête* (de lit).

3. ever : employé dans une phrase affirmative ou interrogative ; have you ever been to Chile? *êtes-vous jamais allé au Chili ?* no, I've never been there, *non, je n'y suis jamais allé* (never dans une phrase négative).

4. It ain't the first... : it is not the first ; first/1st, second/2nd, third/3rd, fourth/4th, fifth/5th, sixth/6th...

5. scholard : déformation de scholar (*lettré, érudit*) ; a Dickens scholar, *un(e) spécialiste de Dickens*.

6. starting up (suddenly, as with a shock) : *se lever*, starting la manière dont se fait l'action (with a start, *dans un sursaut*).

7. leap year (every fourth year, *tous les quatre ans*) : *année bissextile* ; to leap, leaped ou leapt, leaped ou leapt, *sauter*.

8. asleep ou sleeping : *endormi* ; sleep, slept, slept, *dormir*.

9. by the fire, by the fireside : *au coin du feu*.

48

et le coup de minuit n'était pas loin de sonner quand Sir Dominick, assis au bout de sa table, affirma solennellement : « Ceci est le plus beau premier jour du mois de mars que j'aie jamais passé avec mes amis. »

— Nous ne sommes pas le premier mars, dit Mr Hiffernan de Ballyvoreen. (C'était un savant et il tenait toujours un journal.)

— C'est quel jour, alors ? demanda Sir Dominick, se levant brusquement, laissant tomber la louche dans le bol de punch, le regard fixé sur Hiffernan comme si celui-ci avait deux têtes.

— C'est le vingt-neuf février, année bissextile, répondit-il.

Et au moment même où ils parlaient, l'horloge sonna minuit ; mon grand-père, à moitié endormi sur une chaise près du feu, dans le vestibule, ouvrit les yeux et vit, drapé dans un manteau, une chevelure touffue s'échappant de son chapeau, un petit homme trapu qui se tenait juste là où vous voyez le point lumineux qui se détache sur le mur.

(Mon ami bossu pointa sa canne en direction d'une petite flaque rouge du soleil couchant, qui atténuait la pénombre grandissante du corridor.)

— Dites à votre maître, prononça-t-il d'une affreuse voix qui ressemblait au grognement d'un animal, que je suis ici, comme convenu, et que je l'attends en bas, dès maintenant.

Et mon grand-père de monter là-haut, par l'escalier même sur lequel vous êtes assis.

— Dites-lui que je ne peux pas descendre pour l'instant, rétorqua Sir Dominick ; là-dessus, il se retourna vers l'assemblée réunie dans la pièce et, une sueur glacée brillant sur son visage, il déclara :

— Messieurs, pour l'amour de Dieu, l'un d'entre vous peut-il sauter par la fenêtre et faire venir ici le curé ?

---

10. **opening his eyes** : *ouvrant les yeux* (possessif avec noms de parties du corps et de vêtements) ; **she pricked her ears** : *elle dressa les oreilles*.

11. **square** : *trapu* ; **a man of square shape** : *un homme trapu*.

12. **fellow** : *type, homme* ; **a nice fellow**, *un brave type*.

13. **bushing out** (comme *un buisson*, **a bush**) ; **a great bush of hair** : *une épaisse tignasse*.

14. **shining again'** (against) : **shine, shone, shone**, *briller*.

15. **patch** : *tache* ; **a damp patch**, *une tache d'humidité*.

16. **sunset** : *coucher du soleil* ; **sunrise**, *lever du soleil*.

17. **deepening** : **to deepen**, *devenir plus profond* (**deep**), *plus épais* (ténèbres...).

18. **step(s)** : *marche* ; **flight of steps** : (à l'intérieur) *escalier*, (à l'extérieur) *perron, escalier*.

19. **sweat** : *sueur, transpiration* ; **to sweat** : *suer, transpirer*.

20. **bring, brought, brought** : *faire venir qn, apporter qch*.

One looked at another and no one knew what to make of it[1], and in the meantime[2], up comes my grandfather again, and says he, tremblin', 'He says, sir, unless[3] you go down to him, he'll come up to you.'

'I don't understand this, gentlemen, I'll see what it means[4],' says Sir Dominick, trying to put a face on it[5], and walkin' out o' the room like a man through the press-room, with the hangman waitin' for him outside. Down the stairs he comes, and two or three of the gentlemen peeping[6] over the banisters, to see. My grandfather was walking six or eight steps behind him, and he seen the stranger take a stride[7] out to meet Sir Dominick, and catch[8] him up in his arms, and whirl[9] his head against the wall, and wi' that the hall-doore flies open[10], and out goes the candles, and the turf and wood-ashes[11] flyin' with the wind out o' the hall-fire, ran in a drift[12] o' sparks along the floore[13] by his feet.

Down runs the gintlemen. Bang goes the hall-doore. Some comes runnin' up, and more runnin' down, with lights. It was all over[14] with Sir Dominick. They lifted up the corpse[15], and put its shoulders again' the wall; but there was not a gasp[16] left[17] in him. He was cowld and stiffenin'[18] already.

Pat Donovan was comin' up to the great house late that night and after he passed the little brook, that the carriage track up to the house crosses, and about fifty steps to this side of it, his dog, that was by his side, makes a sudden wheel[19], and springs over the wall, and sets up[20] a yowlin' inside you'd hear[21] a mile away;

---

1. what to make of it : what conclusion to draw from it, what to think of it, *qu'en penser.*

2. in the meantime ou in the meanwhile : *entre-temps.*

3. unless : *à moins que... ne*; unless I'm mistaken, *à moins que je ne me trompe*; unless I hear to the contrary : *sauf avis contraire, sauf contrordre.*

4. means : mean, meant, meant : *signifier, vouloir dire.*

5. put a (good or brave) face on it! : *vous n'avez qu'à faire contre mauvaise fortune bon cœur !*

6. peep : *jeter un coup d'œil, regarder furtivement*; have a peep : *jeter un coup d'œil furtif.*

7. a stride : *un grand pas, une enjambée*; to stride : *marcher à grands pas, à grandes enjambées.*

8. catch, caught, caught : attraper; catch : *prise, capture.*

9. whirl : *faire tournoyer, faire tourbillonner*; he whirled his sword round his head : *il fit tournoyer son épée au-dessus de sa tête*; a whirl : *un tourbillon.*

10. flies open : fly, flew, flown, *voler*; the handle flew off : *la poignée s'est détachée brusquement.*

50

Ils se regardèrent les uns les autres et aucun d'entre eux ne savait que penser ; entre-temps, mon grand-père remonta et annonça, tremblant :

— Il dit, monsieur, que si vous ne descendez pas le voir, il montera.

— Je ne comprends pas ceci, Messieurs, je vais voir ce que ça veut dire, fit Sir Dominick, s'efforçant de faire bonne contenance, sortant de la salle, tel un homme traversant la salle d'audience, avec le bourreau qui l'attend dehors. Il descendit l'escalier. Deux ou trois des messieurs regardaient furtivement par-dessus la rampe pour observer la scène. Mon grand-père le suivait, six ou huit marches derrière lui et il vit l'étranger faire de grands pas pour rejoindre Sir Dominick, le saisir dans ses bras et lui balancer, à coups redoublés, la tête contre le mur ; là-dessus, la porte du vestibule s'ouvrit brusquement ; les bougies s'éteignirent ; les tisons de bois et de tourbe s'échappant du feu sous l'effet du vent, des gerbes d'étincelles voltigèrent le long du parquet, à proximité des pieds du maître.

Les messieurs se mirent à courir. La porte du vestibule claqua. Les uns se précipitèrent en haut, d'autres descendirent en courant, portant des torches. C'en était fini et bien fini de Sir Dominick. Ils soulevèrent son corps et plaquèrent ses épaules contre le mur mais pas un seul souffle de vie n'émanait de lui. Il était déjà froid et se raidissait.

Pat Donovan se rendait dans le grand manoir à une heure tardive, ce soir-là ; après qu'il eut passé le petit ruisseau que franchit la grande allée des calèches conduisant à la maison, à environ cinquante pas de ce côté, son chien qui se trouvait près de lui se retourna brusquement, bondit par-dessus le mur et se mit à hurler à l'intérieur au point qu'on aurait pu l'entendre à un mile de là ;

---

11. **ashes** désigne en fait les *cendres mortes* tandis que **embers** désigne la *braise* ; **the dying embers**, *les tisons*.

12. **drift** : *traînée* (de nuages...), *nuage* (de poussière...).

13. **floor(e)** : *plancher, parquet* ; **floor area** : *surface au sol*.

14. **all over** ou **over and done with** : *fini et bien fini*.

15. **corpse, dead body** : *cadavre*.

16. **gasp** : *halètement* ; **to be at one's last gasp** : *être au bout du rouleau* ; **to the last gasp** : *jusqu'au dernier souffle*.

17. **left** : **to be left**, *rester* ; **there are three pears left** : *il reste trois poires* ; **leave, left, left** : *laisser, quitter*.

18. **stiffening** : **to stiffen**, *devenir raide, rigide* (**stiff**).

19. **wheel** : (ici) *mouvement circulaire, rotation*.

20. **set up** : **express (a loud noise)**, ici a **yowlin'**, déformation de **yelling** ; **to yell** : *hurler*.

21. **(which) you'd hear** : suppression du relatif complément.

51

and that minute two men passed him by[1] in silence, goin' down from the house, one of them short and square[2], and the other like Sir Dominick in shape, but there was little light under the trees where he was, and they looked only like[3] shadows; and as they passed him by he could not hear the sound of their feet[4] and he drew back[5] to the wall frightened[6]; and when he got up to[7] the great house, he found all in confusion, and the master's body, with the head smashed to pieces, lying just on that spot.

The narrator stood up[8] and indicated with the point of his stick the exact site[9] of the body, and, as I looked, the shadow deepened, the red stain of sunlight vanished from the wall, and the sun had gone down behind the distant hill of New Castle, leaving the haunted scene in the deep[10] grey of darkening twilight.

So I and the story-teller[11] parted[12], not without good wishes on both sides[13], and a little 'tip'[14], which seemed not unwelcome[15], from me.

It was dusk and the moon up by the time[16] I reached the village, remounted my nag, and looked my last[17] on the scene of the terrible legend of Dunoran.

---

1. **pass by**, *passer (à côté)* ; **a passer-by**, *un(e) passant(e)* ; pl. **passers-by**.

2. **square, thickset** : *trapu*.

3. **look like, resemble** : *ressembler à* ; **he resembles his brother** (sans préposition) : *il ressemble à son frère*.

4. **feet** : (sing.) **foot** 1. *pied* ; 2. *pied (30,48 cm.)*

5. **draw back, drew, drawn** : *faire un mouvement en arrière* (**back**), *reculer, se retirer*.

6. **frightened** : *terrorisé* ; **fright** : *frayeur*.

7. **got up to** : *arriver à, jusqu'à, parvenir à* (**up to** indique ici l'aboutissement, et non pas l'idée de monter).

8. **stand up, stood, stood**, *se lever* (mouvement) ; **to stand** : *être debout* (position) ; **at a standstill** : *immobile*.

9. **site** : *emplacement* ; **the site of the battle**, *le champ de bataille* ; **building site** : *chantier* (de construction).

52

et à cet instant, deux hommes arrivèrent près de lui, sans mot dire ; ils venaient de la maison ; l'un était petit et trapu, l'autre ressemblait à Sir Dominick par sa silhouette mais il ne faisait pas très clair sous les arbres où se tenait Pat et on eût seulement dit deux ombres ; quand ils passèrent, celui-ci n'entendit pas le bruit de leurs pas et il se tapit contre le mur, terrorisé ; lorsqu'il arriva au manoir, il trouva le désordre le plus complet, le corps du maître avec le crâne brisé en mille morceaux, étalé là, juste à *cet endroit*.

Le narrateur se leva et désigna du bout de sa canne le point précis où se trouvait le corps ; tandis que je l'observais, l'ombre s'épaississait, la tache rouge que jetait le soleil sur le mur s'estompait ; l'astre s'était couché derrière la lointaine colline de New Castle, laissant la scène hantée dans le gris profond du crépuscule grandissant.

Et donc, le conteur et moi, nous nous séparâmes, non sans échanger de bons souhaits, avec, de ma part, une petite « gratification », qui ne sembla pas mal accueillie.

La nuit était tombée, la lune s'était levée quand j'atteignis le village, que je remontai sur mon cheval et que je posai un ultime regard sur le cadre de la terrible légende de Dunoran.

---

10. **deep** : *profond* ; (son) *grave* ; (couleur) *foncé*.

11. **to tell a story, told, told** : *raconter une histoire*.

12. **to part from sb**, *se séparer de qn, quitter qn* ; **they parted friends**, *ils se sont quittés bons amis*.

13. **on both sides** : (m. à m.) *des deux côtés* ; **both** implique l'idée de « deux » : **both John and Peter came** ; **both came** ; **they both came** ; **both of them came**. (notez les différentes constructions).

14. **tip** : *pourboire* ; **to tip** : *donner un pourboire*. **He tipped the waiter one euro** : *il a donné un euro de pourboire au garçon*.

15. **unwelcome** : contraire de **welcome** (*bienvenu*) : **un** et **in** servent à former le contraire de nombreux adjectifs.

16. **by the time** = **when** : *quand*.

17. **I looked my last** : **I took a last look** (ou **glance**) **on** (ou **at**) : *je jetai un dernier coup d'œil à...*

Nathaniel Hawthorne

Nathaniel Hawthorne est connu avant tout comme l'auteur de deux grands romans, *The Scarlet Letter* (*La Lettre écarlate*), son chef-d'œuvre, porté deux fois à l'écran, et *The House of the Seven Gables* (*La Maison aux sept pignons*). Ses recueils de contes n'en sont pas moins dignes d'intérêt, notamment *Twice Told Tales* et *Mosses from an Old Manse* – nouvelles fantastiques pour bon nombre.

De nationalité américaine, Hawthorne est né en 1804 à Salem, dans le Massachusetts, et mort à Plymouth dans le New Hampshire en 1864. Il appartenait à une famille de puritains qui remonte aux premiers « pèlerins » débarqués en Nouvelle-Angleterre en 1630. Son trisaïeul avait été un des redoutables juges qui condamnèrent au bûcher, en 1692, les « sorcières » de Salem (le célèbre procès permit à des intégristes puritains de soumettre à la peine capitale des esprits libres ou des simples d'esprit, sous prétexte de sorcellerie). Ce souvenir culpabilisant et le puritanisme intransigeant du milieu familial laissent une marque profonde sur les œuvres de l'écrivain, comme on le constatera dans la nouvelle choisie, extraite de *Mosses from an Old Manse* publié en 1846. Toujours, dans une sorte de clair-obscur, de lumière noire, dominent le sens du péché et l'horreur de la faute.

Young Goodman Brown

Le Jeune Maître Brown

Young Goodman[1] Brown came forth[2] at sunset into the street at Salem[3] village; but put his head back, after crossing the threshold, to exchange a parting[4] kiss with his young wife. And Faith[5], as the wife was aptly[6] named, thrust[7] her own[8] pretty head into the street, letting the wind play[9] with the pink ribbons of her cap while she called to Goodman Brown.

'Dearest heart,' whispered she, softly and rather sadly, when her lips were close to his ear, 'prithee[10] put off your journey until sunrise and sleep in your own bed to-night. A lone woman is troubled with such dreams and such thoughts that she's afeard of[11] herself sometimes. Pray tarry[12] with me this night, dear husband, of all nights in the year.'

'My love and my Faith,' replied young Goodman Brown, 'of all nights in the year, this one night must I tarry away from thee[13]. My journey, as thou callest it[14], forth and back again, must needs be done 'twixt[15] now and sunrise. What, my sweet, pretty wife, dost thou doubt me already, and we but[16] three months married?'

'Then God bless you[17]!' said Faith, with the pink ribbons, 'and may you find all well[17] when you come back.'

'Amen!' cried Goodman Brown. 'Say thy prayers[18], dear Faith, and go to bed[19] at dusk, and no harm will come to thee.'

So they parted; and the young man pursued his way until, being about to[20] turn the corner by the meeting-house[21], he looked back and saw the head of Faith still[22] peeping[23] after him with a melancholy air, in spite of her pink ribbons.

---

1. **goodman** : (nom commun) *le maître* (de la maison).

2. **forth** : *en avant*.

3. **Salem** dans le **Massachusetts**, où se tinrent en 1692 le procès et l'exécution de trois « sorcières ».

4. **part from sb**, *quitter qn*.

5. **faith** : (nom commun) *foi*. **Faith, Hope and Charity**, *la foi, l'espérance et la charité*.

6. **aptly** : *de façon appropriée* ; **apt** : *approprié, pertinent*.

7. **thrust, thrust, thrust** : *mettre, passer brusquement*.

8. **own** renforce l'idée de possession ; **it's my own house! it's my own!** ; **owner** : *propriétaire*.

9. <u>letting</u> the wind <u>play</u> : **let** est suivi de l'infinitif sans **to** (**play**) ; de même **make : he makes me <u>work</u>.**

10. **prithee** (archaïque) : **I pray you**, *je t'en prie, de grâce*.

11. **afeard of** : **afraid of** ; **be afraid of** : *avoir peur de*.

12. **tarry** : 1. *rester, demeurer* ; 2. *tarder, s'attarder*.

13. **thee** (archaïque) : *toi* ; **thou** : *tu*. (Dans la nouvelle, les personnages passent

Le jeune maître Brown sortit dans la rue, au coucher du soleil, dans le village de Salem ; mais il repassa la tête dans sa maison après en avoir franchi le seuil, afin d'échanger un baiser d'adieu avec sa jeune femme. Et Faith, qui portait bien son nom, passa, elle aussi, sa jolie tête dans la rue, laissant le vent jouer avec les rubans de sa coiffe rose, tandis qu'elle interpellait son époux :

— Mon cœur, mon chéri, murmura-t-elle avec douceur, assez tristement, quand ses lèvres furent tout contre l'oreille de son mari, je t'en prie, remets ton voyage au lever du soleil et dors dans notre lit cette nuit. Une femme seule est troublée par de tels rêves et de telles pensées qu'elle a peur d'elle-même parfois. De grâce, reste auprès de moi cette nuit, mon cher mari, cette nuit entre toutes les nuits.

— Mon amour, Faith chérie, répondit le jeune maître Brown, cette nuit entre toutes celles de l'année, cette seule nuit, il faut que je me sépare de toi. Mon voyage, comme tu dis, aller et retour, doit absolument s'effectuer entre maintenant et le lever du soleil. Comment ! ma douce, ma belle épouse, doutes-tu déjà de moi, alors que nous sommes mariés depuis seulement trois mois ?

— Alors, Dieu te bénisse ! dit Faith aux rubans roses, et puisses-tu trouver tout en ordre lorsque tu reviendras.

— Amen ! s'écria maître Brown. Dis tes prières, chère Faith, couche-toi au crépuscule, et aucun mal ne t'atteindra.

C'est ainsi qu'ils se quittèrent, et le jeune homme alla son chemin, jusqu'à ce que, sur le point de tourner le coin près du temple, il se retournât et vît la tête de Faith qui le suivait du regard, l'air mélancolique, en dépit de ses rubans roses.

---

de **thou** à **you** ; nous avons opté pour le *vous* dans la traduction ; le passage du *vous* au *tu* et vice versa semblerait bizarre en français).

14. **thou** <u>callest</u> it : notez la forme du verbe après **thou**.

15. **'twixt** = **betwixt** (archaïque), **between** : *entre (deux)* ; **among** : *entre (plusieurs), parmi*.

16. **but** : *seulement, ne... que* ; **no one but him can do it**, *personne d'autre que lui n'est capable de le faire*.

17. **(May) God bless you!** (*Dieu te bénisse !*) **May you find all well !** (*Puisses-tu trouver tout en ordre !*) : **may** (sous-entendu dans le premier cas) sert à exprimer un souhait.

18. **thy prayers** : **thy** possessif correspondant à **thou**.

19. **go to bed** : *aller se coucher* ; **go to sleep** : *s'endormir*.

20. **about to** exprime le futur imminent (*sur le point de*).

21. **meeting-house** : temple de quakers ; **go to meeting**, *se rendre au temple* ; **meeting** : *culte* (chez les quakers).

22. **still** : *encore, toujours* (continuation).

23. **to peep** : *jeter un coup d'œil furtif*.

'Poor little Faith!' thought he, for his heart smote[1] him. 'What a wretch[2] am I to leave her on such an errand[3]! She talks of dreams, too. Methought[4] as she spoke there was trouble in her face, as if a dream had warned her what work[5] is to be done[6] tonight. But no, no; 't would kill her to think it. Well, she's a blessed angel on earth; and after this one night I'll cling to[7] her skirts and follow her to heaven.'

With this excellent resolve for the future, Goodman Brown felt himself justified in making more haste on his present evil[8] purpose[9]. He had taken a dreary road, darkened[10] by all the gloomiest[11] trees of the forest, which barely stood aside to let the narrow path creep through, and closed immediately behind. It was all as lonely as could be; and there is this peculiarity in such a solitude, that the traveller knows not[12] who may be concealed[13] by the innumerable trunks and the thick boughs overhead; so that with lonely[14] footsteps[15] he may yet be passing through an unseen[16] multitude.

'There may be a devilish[17] Indian behind every tree,' said Goodman Brown to himself; and he glanced[18] fearfully[19] behind him as he added, 'What if the devil himself should be at my very elbow[20]!'

His head being turned back, he passed a crook of the road, and, looking forward[21] again, beheld the figure of a man, in grave and decent attire[22], seated at the foot of an old tree.

---

1. **smite, smote** ou **smit, smitten** ou **smit** : *frapper, tourmenter* ; **smitten with**, *pris de* (remords, désir...).
2. **what a wretch** : notez l'emploi de l'article avec **what**.
3. **such an errand** : notez la place de l'article avec **such**.
4. **methought** : forme archaïque (**it seemed to me**).
5. **work** : (ici) *œuvre(s), action*.
6. **is to be done** : **be to** + verbe : plan établi à l'avance, programme prévu : **the President is to address the nation**, *le Président doit s'adresser à la nation*.
7. **cling to, clung** : *s'accrocher à, s'attacher à* ; *rester fidèle à* ; **cling to a belief**, *se raccrocher à une croyance*.
8. **evil** (adj.) : *méchant, malfaisant* ; (n.) *le mal* ; **good and evil**, *le bien et le mal* ; **wish sb evil** : *vouloir du mal à qn*.
9. **purpose** : *dessein, intention* ; *but, objet*.
10. **darkened** : *assombri, obscurci* ; **made dark** (*sombre*).
11. **gloomiest** : superlatif de **gloomy**, *sombre, lugubre* ; **gloom** : *mélancolie* ; **cast a gloom over sb**, *attrister qn*.

« Pauvre petite Faith, se dit-il, car son cœur le tourmentait. Quel scélérat je suis de la laisser pour une telle mission ! Elle parle de rêves aussi. Il m'a semblé, pendant qu'elle parlait, que le trouble se lisait sur son visage, comme si un songe l'avait avertie de la nature de l'action qui va se dérouler cette nuit. Mais non, non, cela la tuerait, rien que d'y penser. Enfin, c'est un ange béni descendu sur cette terre. Et après cette nuit, je m'accrocherai à ses jupes et la suivrai jusqu'au paradis. »

Avec cette excellente résolution pour l'avenir, maître Brown trouva justification à se hâter davantage vers sa présente mission maléfique. Il avait emprunté un itinéraire sinistre, assombri par les arbres les plus lugubres de la forêt, qui s'écartaient à peine pour permettre à l'étroit sentier d'y serpenter et se resserraient aussitôt après. L'espace était aussi désolé que l'on puisse imaginer ; et à une telle solitude s'attache cette particularité selon laquelle le voyageur ignore qui peut être dissimulé derrière les troncs innombrables et les grosses branches suspendues au-dessus de sa tête ; si bien que, dans sa marche solitaire, il peut tout aussi bien fendre une foule invisible.

« Il y a peut-être un Indien diabolique derrière chaque arbre », se dit maître Brown. Et, craintif, il jeta un coup d'œil derrière lui en ajoutant : « Et si le diable en personne était à mes trousses ! »

La tête retournée, il passa une courbe du chemin et, regardant de nouveau devant lui, il vit la silhouette d'un homme, parée d'une tenue correcte et sévère, assise auprès d'un arbre.

---

12. **knows not** : forme archaïque de **does not know**.
13. **to conceal** ou **to hide**, cacher.
14. **lonely** : *solitaire* ; (ici) *isolé, peu fréquenté* ; **alone** : *seul*.
15. **footstep(s)** : *pas* ; **follow in sb's footsteps** (ou **tracks**), *suivre les traces de qn* ou *marcher sur les traces de qn*.
16. **unseen = invisible** : *invisible* ; **see, saw, seen** : *voir*.
17. **devilish** : formé à partir de **devil** (*diable*).
18. **to glance at** ou **to cast a glance at**, *jeter un coup d'œil à* ; **at first glance**, *à première vue*.
19. **fearfully** : *craintivement* ; **fearful** : *craintif*.
20. **at my <u>very</u> elbow** : (m. à m.) *à mon coude même* ; **at the very end** : *tout à la fin* ; **you are the very person I wanted to see** : *c'est justement vous que je voulais voir*.
21. **forward** : *en avant, vers l'avant*.
22. **attire** : *tenue, vêtements, habits* ; **in formal attire** : *en tenue de cérémonie*.

He arose[1] at Goodman Brown's approach and walked onward[2] side by side[3] with him.

'You are late, Goodman Brown,' said he. 'The clock of the Old South[4] was striking as I came through Boston, and that is full[5] fifteen minutes agone.'

'Faith kept me back a while,' replied the young man, with a tremor in his voice, caused by the sudden appearance of his companion, though not wholly unexpected.

It was now deep[6] dusk[7] in the forest, and deepest in that part of it where these two were journeying[8]. As nearly[9] as could be discerned, the second traveller was about fifty years old, apparently in the same rank of life as Goodman Brown, and bearing a considerable resemblance to[10] him, though perhaps more in expression than features. Still they might have been taken for father and son. And yet, though the elder[11] person was as simply clad[12] as the younger[13], and as simple in manner too, he had an indescribable[14] air of one who knew the world[15], and who would not have felt abashed at the governor's dinner table or in King William's[16] court, were it possible[17] that his affairs should call him thither[18]. But the only thing about him that could be fixed upon as remarkable was his staff, which bore the likeness[19] of a great black snake, so curiously wrought[20] that it might almost be seen to twist[21] and wriggle itself like a living serpent. This, of course, must have been an ocular deception[22], assisted[23] by the uncertain light.

---

1. **arose** ou **rose** ; **(a)rise, (a)rose, (a)risen** (= **stand up**) : *se lever*.
2. **onward** : *en avant, plus loin*.
3. **side by side** : *côte à côte*.
4. **Old South** : vieille église de Boston, au sud de Salem.
5. **full** : *complet, plein* ; **full fare** : *plein tarif*.
6. **deep** : *profond, intense, extrême*.
7. **dusk** : 1. *crépuscule* ; 2. *semi-obscurité* ; **in the dusk** : *entre chien et loup* ; **dusk** : (adj.) *sombre* (pièce).
8. **to journey, to travel**, *voyager* ; **a journey**, *un voyage* ; **go on a journey** : *partir en voyage*.
9. **nearly** : *près, de près*.
10. **bear (bore, borne) a resemblance to** : *offrir, présenter une ressemblance avec* ; **resemble sb** (sans préposition) : *ressembler à*.
11. **elder** : *aîné* (de deux) ; **my elder sister** : *ma sœur aînée*.
12. **clad** : participe passé de **to clothe** *(re)vêtir de*.
13. **the younger** : emploi du comparatif, s'agissant de deux.

L'homme se leva à l'approche de maître Brown et reprit son chemin aux côtés de celui-ci.

— Vous êtes en retard, maître Brown, dit-il. L'horloge de l'Old South sonnait alors que je traversais Boston et il y a de cela quinze bonnes minutes.

— Faith m'a retardé un moment, répliqua le jeune homme avec un tremblement dans la voix, causé par la soudaine apparition de son compagnon, même si celle-ci n'était pas complètement inattendue.

L'obscurité était profonde à présent dans la forêt, et des plus profondes dans la partie où cheminaient les deux personnages. Autant qu'on pouvait y voir, le second voyageur avait environ cinquante ans, appartenait, à première vue, à la même classe sociale que maître Brown et lui ressemblait beaucoup, bien que ce fût peut-être davantage par l'expression que par les traits du visage. Malgré tout, on aurait pu les prendre pour père et fils. Et pourtant, bien que le plus âgé fût aussi simplement vêtu que le plus jeune, et aussi simple de manières également, il avait l'air indéfinissable de quelqu'un qui connaissait le monde et qui n'aurait pas été décontenancé à la table du gouverneur ou à la cour du roi Guillaume, s'il eût été possible que ses affaires l'y appellent. Mais le seul élément, chez lui, que l'on pouvait trouver de remarquable était son bâton qui offrait une ressemblance avec un grand serpent noir, si curieusement travaillé que l'on aurait presque pu le voir se tordre et frétiller comme un reptile vivant. Cela, bien sûr, devait être une illusion d'optique, renforcée par une lumière incertaine.

---

14. **indescribable** : *indescriptible* ; **to describe** : *décrire*.

15. **the world** : *le monde, les gens, le genre humain*.

16. **King William** : pas d'article devant les n. de personnes précédés d'un titre : **President Obama**.

17. **were**, subjonctif, exprime l'hypothèse, l'éventualité (= **if it was possible**).

18. **thither** : *là* (avec mouvement).

19. **likeness** ou **resemblance** (note 10) ; **a strong family likeness** : *un air de famille très marqué* ; **like** : *comme*.

20. **wrought** : *travaillé, forgé* ; **wrought iron** : *fer forgé*.

21. **it might almost be seen to twist** : emploi de l'infinitif avec **to** après une forme passive ; **he was seen to steal a jewel in the shop** : *on l'a vu voler un bijou dans la boutique*.

22. **deception** : *tromperie, duperie* ; **deceptive** : *trompeur* ; **appearances are deceptive** : *les apparences sont trompeuses, il ne faut pas se fier aux apparences*.

23. **assisted** (m. à m.) *aidé* ; **to assist, to help** : *aider*.

'Come, Goodman Brown,' cried his fellow-traveller[1], 'this is a dull[2] pace for the beginning of a journey. Take my staff, if you are so soon[3] weary[4].'

'Friend,' said the other, exchanging his slow pace for a full stop, 'having kept[5] covenant[6] by meeting thee here, it is my purpose now to return whence[7] I came. I have scruples touching[8] the matter[9] thou wot'st of[10].'

'Sayest thou so[11]?' replied he of the serpent[12], smiling apart. 'Let us walk on[13], nevertheless[14], reasoning as we go; and if I convince thee not thou shalt turn back. We are but[15] a little way in the forest yet.'

'Too far! too far!' exclaimed the goodman, unconsciously resuming[16] his walk. 'My father never went into the woods on such an errand[17], nor his father before him. We have been a race of honest men and good Christians since the days of the martyrs[18]; and shall I be the first of the name of Brown that ever[19] took this path and kept...'

'Such company, thou wouldst say,' observed[20] the elder person, interpreting his pause[21]. 'Well said, Goodman Brown! I have been as well acquainted with[22] your family as with ever a one among the Puritans; and that's no trifle[23] to say. I helped your grandfather, the constable[24], when he lashed[25] the Quaker woman so smartly through the streets of Salem; and it was I that brought your father a pitch-pine[26] knot[27], kindled at my own hearth, to set fire to an Indian village, in King Philip's[28] war.

---

1. **fellow-traveller** : *compagnon de voyage* ; **fellow-worker** : *collègue* ; **fellow-citizen** : *concitoyen*.

2. **dull** : *lent, languissant, sans entrain*.

3. **so soon** : (m. à m.) *si tôt* ; **as soon as** : *dès que*.

4. **weary** : *fatigué, las* ; **weariness** : *lassitude, fatigue*.

5. **keep, kept, kept** : (ici) *tenir* (promesse...).

6. **covenant** : *pacte, convention, engagement*.

7. **whence** : *d'où* ; **whence I came** = where I came from.

8. **touching** : *au sujet de*.

9. **matter** : *sujet, problème* ; **what's the matter?** *qu'est-ce qui se passe ? qu'y a-t-il ?*

10. **thou wot(e)st of** (archaïque) : **you know about** (rejet de la préposition avec suppression du relatif (**about which you know**).

11. **sayest thou so?** = do you say so ?

12. **he of the serpent** = the man with the serpent.

13. **walk on** : **on** indique la continuation (ici de *marcher*).

14. **nevertheless, noneless** : *néanmoins*.

15. **but** (ici) : *seulement* (**only**).

16. **resume** : *reprendre* (une activité) ; **to resume work** : *reprendre le travail*.

64

— Allons ! maître Brown, s'écria son compagnon, l'allure est bien lente pour le début d'un voyage. Prenez mon bâton, si vous êtes déjà fatigué.

— Ami, dit l'autre, passant de son pas traînant à un arrêt complet, ayant tenu mon engagement de vous rencontrer ici, mon but est maintenant de retourner d'où je viens. J'éprouve des scrupules concernant la question que vous connaissez.

— C'est vrai ? répondit l'homme au serpent, souriant à part soi. Continuons de marcher cependant, tout en discutant. Et si je ne vous convaincs pas, vous rebrousserez chemin. Nous ne sommes pas encore loin dans la forêt.

— Nous sommes trop loin ! Trop loin ! s'exclama maître Brown, reprenant inconsciemment sa marche. Mon père n'est jamais entré dans les bois pour une telle aventure, pas plus que son père avant lui. Nous sommes une race d'hommes honnêtes et de bons chrétiens depuis le temps des martyrs. Serai-je le premier des Brown à avoir jamais pris ce chemin et en...

— ... pareille compagnie, voudriez-vous dire, observa le plus âgé, interprétant la pause du plus jeune. Bien ! Maître Brown ! J'ai connu votre famille mieux que n'importe quelle lignée de puritains et ce n'est pas peu dire. J'ai aidé votre grand-père, l'officier de police, quand il a fouetté si vigoureusement la quakeresse dans les rues de Salem. Et c'est moi qui ai porté à votre père une torche de bois de pitchpin, allumée à ma propre cheminée, afin de mettre le feu à un village indien pendant la guerre du roi Philippe.

---

17. **errand** : *but, objet d'un déplacement.*

18. **martyrs** : *martyrs protestants suppliciés en Angleterre au XVIe siècle.*

19. **ever** (dans une phrase interrogative) : *jamais.* **Did you ever meet him before?** *L'avez-vous jamais rencontré auparavant ?*

20. **observe** : *faire remarquer,(faire) observer, dire.*

21. **pause** : *temps d'arrêt (dans la parole ici), bref silence.*

22. **be acquainted with** : *connaître* ; **become** ou **get acquainted with sb** ou **make sb's acquaintance** : *faire la connaissance de qn* ; **acquaintance** : *connaissance.*

23. **trifle** : *bagatelle, vétille* ; **he worries over trifles** : *il se fait du mauvais sang pour un rien.*

24. **constable** : *exempt (alors officier de police chargé des arrestations).*

25. **lash** : *frapper (d'un grand coup de fouet), fouetter, flageller* ; **lash** (n.), *coup de fouet* ; **sentenced to ten lashes**, *condamné à dix coups de fouet.*

26. **pitch-pine** : *pitchpin (conifère d'Amérique du Nord).*

27. **knot** : *nœud (évoque des branches de pitchpin rassemblées pour former une torche)* ; **a knot of people** : *un petit groupe de gens.*

28. **King Philip** : *nom donné par les puritains à un chef indien qui s'insurgea contre les colons en 1675-1676.*

They were my good friends[1], both[2]; and many a pleasant walk have we had along this path, and returned merrily after midnight. I would fain be friends with you for their sake[3].'

'If it be as thou sayest,' replied Goodman Brown, 'I marvel they never spoke of these matters; or, verily, I marvel not, seeing that[4] the least rumor of the sort would have driven them from New England. We are a people[5] of prayer, and good works to boot[6], and abide[7] no such wickedness.'

'Wickedness or not,' said the traveller with the twisted staff[8], 'I have a very general acquaintance here in New England. The deacons of many a[9] church have drunk the communion wine with me; the selectmen[10] of diverse towns make me their chairman; and a majority of the Great and General Court are firm supporters[11] of my interest. The governor and I[12], too – But these are state secrets.'

'Can this be so?' cried Goodman Brown, with a stare[13] of amazement at his undisturbed[14] companion. 'Howbeit, I have nothing to do with the governor and council; they have their own ways, and are no rule for a simple husbandman like me. But, were I to go on[15] with thee, how should I meet[16] the eye of that good old man, our minister, at Salem village? Oh, his voice would make me tremble[17] both Sabbath day and lecture day.'

Thus far[18] the elder traveller had listened with due gravity; but now burst into a fit of irrepressible mirth, shaking himself so violently that his snake-like[19] staff actually[20] seemed to wriggle in sympathy[21].

---

1. **friends** : **make friends with** (notez le **s**), *devenir l'ami de qn, se lier d'amitié avec qn*.

2. **both** implique l'idée de deux ; notez les différentes constructions : **both John and Peter came** ou **both came** ou **they both came** ou **both of them came**.

3. **sake** : **for God's sake** : *pour l'amour de Dieu*.

4. **seeing that, considering that, given that** : *étant donné que, vu que*.

5. **a people**, (pl.) **peoples** : *peuple ; population* ; **people** (invariable) : *des/les gens*.

6. **to boot** : *par-dessus le marché, en plus*.

7. **abide** : *supporter, tolérer* ; plus courant, **bear**.

8. notez l'emploi de **with** ; **the man with the black hat**, *l'homme au chapeau noir*.

9. **many a** : *plus d'un, mainte* ; **many a time**, *mainte(s) fois*.

10. **selectman** (sing.), *conseiller municipal* en Nouvelle-Angleterre.

11. **supporter** : (faux ami) *soutien, appui* ; **to support** : *encourager, soutenir* ; **to bear, bore, borne** : *supporter*.

12. **The governor and I** : *le gouverneur et moi*.

66

C'était deux bons amis, l'un et l'autre. Et nous avons fait bien des promenades agréables le long de ce chemin avant de rentrer joyeusement après minuit. Je me lierais volontiers d'amitié avec vous par égard pour eux.

— S'il en fut comme vous dites, répondit maître Brown, je m'étonne qu'ils ne m'aient jamais parlé de cela ou, à vrai dire, je ne m'en étonne pas, étant donné que la moindre rumeur de ce genre les aurait chassés de la Nouvelle-Angleterre. Nous sommes un peuple voué à la prière et aux bonnes œuvres, de surcroît, et nous ne tolérons pas une telle perversité.

— Perversité ou non, dit le voyageur au bâton tordu, j'ai beaucoup de relations ici en Nouvelle-Angleterre. Les diacres de maintes églises ont bu avec moi le vin de la communion. Les conseillers municipaux de plusieurs villes font de moi leur président. Et une majorité des membres du Grand Conseil juridique est composée de fermes défenseurs de mes intérêts. Le gouverneur et moi avons aussi... Mais ce sont là des secrets d'État.

— Est-ce possible ? s'écria maître Brown, fixant d'un regard stupéfait son compagnon impassible. Quoi qu'il en soit, je n'ai rien à faire avec le gouverneur et le Conseil. Ils ont leurs façons d'agir et leur règle de vie n'est pas pour moi, simple fermier. Mais si je devais poursuivre mon chemin avec vous, comment affronterais-je le regard de ce vieil homme si bon qu'est notre pasteur, au village de Salem ? Oh ! sa voix me ferait trembler, le dimanche et le jour de la Conférence.

Jusque-là, le plus âgé des deux avait écouté avec le sérieux qui convenait ; mais à présent il partit dans un éclat de rire inextinguible qui le secoua si violemment que son bâton, pareil à un serpent, sembla se tortiller littéralement comme par connivence.

---

13. **a stare** : *un regard fixe* ; **to stare at** : *regarder fixement*.

14. **undisturbed** : *qui n'est pas* ou *n'a pas été dérangé* (**disturbed**) ; d**isturbance** : *dérangement, interruption, trouble*.

15. <u>were</u> I to go on : **were**, subjonctif, exprime une hypothèse, une éventualité (**if I** <u>were</u> **to go on**).

16. **meet, met, met** : (m. à m.) *rencontrer*.

17. **make** est suivi de l'infinitif sans **to** ; de même **let** : **let me do it** : *laisse-moi (le) faire*.

18. **thus far** = **up to here, up to now** : *jusqu'ici*.

19. **snake-like** : **like**, suffixe, souvent attaché, indique la ressemblance ; **childlike**, *enfantin* ; **godlike**, *divin*.

20. **actually** : (faux ami) *véritablement, réellement, de fait*.

21. **sympathy** : (faux ami) 1. *solidarité* ; 2. *compassion*.

67

'Ha! ha! ha!' shouted he again and again; then composing himself[1], 'Well, go on, Goodman Brown, go on; but, prithee, don't kill me with laughing.'

'Well, then, to end[2] the matter at once,' said Goodman Brown, considerably nettled[3], 'there is my wife, Faith. It would break her dear little heart; and I'd rather[4] break my own.'

'Nay, if that be the case[5],' answered the other, 'e'en go thy ways, Goodman Brown. I would not for twenty old women like the one hobbling before[6] us that Faith should come to any harm[7].'

As he spoke he pointed his staff at a female[8] figure[9] on the path, in whom Goodman Brown recognized a very pious and exemplary dame, who had taught him catechism[10] in his youth[11], and was still his moral and spiritual adviser[12], jointly with the minister and Deacon Gookin[13].

'A marvel[14], truly, that Goody Cloyse should be so far in the wilderness[15] at nightfall,' said he. 'But with your leave, friend, I shall take a cut[16] through the woods until we have left this Christian woman behind. Being a stranger[17] to you, she might ask whom I was consorting with[18] and whither[19] I was going.'

'Be it so,' said his fellow-traveller. 'Betake you to the woods, and let me keep the path.'

Accordingly[20] the young man turned aside, but took care to watch his companion, who advanced softly along the road until he had come within a staff's length of the old dame.

---

1. **compose oneself**, *se calmer*; **composed** : *calme, posé*; **composedly** : *calmement, posément*.

2. **to end** ou **to put an end to** : *mettre fin à*.

3. **nettled** = *agacé, irrité*; **he was nettled into replying sharply** : *agacé, il a répondu avec brusquerie*.

4. **had rather** avec l'infinitif sans **to**; de même **you had better do it** : *tu ferais mieux de le faire*.

5. **if that be the case** : archaïsme (**if that is the case**).

6. **before** : (ici) *devant* (**in front of**).

7. **harm** : *mal*; **do sb harm**, *faire du mal à qn*; **harmful** : *nocif*; **harmless** : *inoffensif*.

8. **female** : *du sexe féminin*; **a female student** : *une étudiante*; **female labour** : *main-d'œuvre féminine*.

9. **figure** (faux ami) : *forme humaine, silhouette*.

10. **taught him catechism** : pas de préposition ! **He teaches us maths** : *il nous enseigne les maths*.

68

— Ha! ha! ha! faisait-il encore et encore d'une voix forte ; puis se calmant, Eh bien, continuez, maître Brown, continuez. Mais, je vous en prie, ne me faites pas mourir de rire.

— Bon, alors, pour en finir tout de suite avec la question, dit maître Brown, grandement froissé, il y a ma femme, Faith. Cela lui briserait son bon petit cœur, et je préférerais que ce soit le mien qui se brise.

— Non, si tel est le cas, répondit l'autre, allez donc votre chemin, maître Brown. Je ne voudrais pas pour l'amour de vingt vieilles femmes comme celle qui clopine devant nous qu'il arrive le moindre malheur à Faith.

Comme il disait ces mots, il pointa son bâton en direction d'une silhouette féminine marchant sur le chemin, en laquelle maître Brown reconnut une dame très pieuse et fort exemplaire qui lui avait enseigné le catéchisme dans sa jeunesse et était encore sa conseillère morale et spirituelle, conjointement avec le pasteur et le diacre Gookin.

— Curieux, vraiment, que Goody Cloyse se trouve si éloignée dans ce lieu désert, à la tombée de la nuit! dit-il. Mais, avec votre permission, l'ami, je vais couper à travers les bois jusqu'à ce que nous ayons laissé derrière nous cette chrétienne. Ne vous connaissant pas, elle pourrait se demander avec qui je me trouve et où je me rends.

— D'accord, dit son compagnon. Gagnez les bois et laissez-moi continuer sur le chemin.

En conséquence, le jeune homme se détourna mais prit soin d'observer l'autre qui avançait sans bruit le long du sentier jusqu'à ce qu'il se trouve à une longueur de bâton de la vieille femme.

---

11. **youth** : 1. *jeunesse* ; 2. *jeune homme* ; **youths** : *jeunes gens*.

12. **adviser** : *conseiller* ; **to advise** : *conseiller* ; **advice** : *des conseils* ; **a piece of advice** : *un conseil*.

13. **Deacon Gookin** : pas d'article devant les noms précédés d'un titre ou d'une appellation familière. **Old Smith**, *le vieux Smith*.

14. **marvel** : *prodige, miracle* ; **to marvel** : *s'étonner, s'émerveiller*.

15. **wilderness** : *lieu sauvage, inhabité, désert* ; **wild** : *sauvage* ; **wildlife park** : *réserve naturelle*.

16. **cut** : *chemin de traverse, raccourci*.

17. **stranger** : *inconnu* ; **he's a stranger to me** : *je ne le connais pas*.

18. **consort with** : *s'associer à, fréquenter*.

19. **whither** : *où* (avec mouvement), *vers quel lieu*.

20. **accordingly** : 1. *en conséquence* ; 2. *conformément*.

She, meanwhile, was making the best of her way, with singular[1] speed for so aged a woman[2], and mumbling some indistinct words – a prayer, doubtless[3] – as she went. The traveller put forth[4] his staff and touched her withered[5] neck with what seemed the serpent's tail.

'The devil!' screamed the pious old lady.

'Then Goody Cloyse knows her old friend?' observed the traveller, confronting her and leaning[6] on his writhing[7] stick.

'Ah, forsooth[8], and is it your worship indeed[9]?' cried the good dame. 'Yea, truly is it, and in the very image of my old gossip, Goodman Brown, the grandfather of the silly fellow that now is. But – would your worship believe it? – my broomstick hath[10] strangely disappeared, stolen, as I suspect, by that unhanged[11] witch, Goody Cory, and that, too, when I was all anointed with the juice of smallage, and cinquefoil, and wolf's bane[12].'

'Mingled with fine wheat[13] and the fat of a new-born[14] babe[15],' said the shape[16] of old Goodman Brown.

'Ah, your worship knows the recipe,' cried the old lady, cackling[17] aloud. 'So, as I was saying, being all ready for the meeting, and no horse to ride on[18], I made up my mind to foot it[19]; for they tell me there is a nice young man to be taken into communion to-night. But now your good worship will lend me your arm, and we shall be there in a twinkling[20].'

'That can hardly be,' answered her friend. 'I may not spare[21] you my arm, Goody Cloyse; but here is my staff, if you will.'

---

1. **singular** : (ici) *hors du commun, singulier, exraordinaire* ; (syn.) **exceptional, remarkable, unusual**.

2. **so aged a woman** ou **such an aged woman** : place de l'article avec **so** et **such** !

3. **doubtless** : **childless** (*sans enfants*), **wireless**, (*sans fil*), **joyless** (*sans joie*) : sens privatif du suffixe **less**.

4. **forth** : *en avant, vers l'avant* ; (syn.) **out, forward**.

5. **withered** : *flétri, desséché*.

6. **leaning** (*penché*), **standing** (*debout*), **sitting** (*assis*), **kneeling** (*agenouillé*) ... : positions du corps (en **ing**).

7. **to writhe**, *se tordre, se contorsionner*.

8. **forsooth** : *en vérité ! ma foi ! par exemple ! oui-da !*

9. **indeed** : *en vérité , vraiment*.

10. **hath** : forme archaïque de **has**.

11. **unhanged** : *décroché, dépendu* (criminel) ; **hang, hanged, hanged** : *pendre* (un criminel) ; **hang, hung, hung** : *suspendre, accrocher* (un objet).

Celle-ci, entre-temps, avançait de son mieux, avec une rapidité surprenante pour une femme si âgée, et marmonnait, chemin faisant, quelques paroles confuses, une prière, nul doute. Le voyageur avança son bâton et toucha son cou fripé avec ce qui semblait être la queue du serpent.

— Le diable ! s'écria la vieille femme pieuse.

— Goody Cloyse reconnaît donc son vieil ami ? fit observer le voyageur, planté devant elle, appuyé sur son bâton frétillant.

— Ah ! oui-da ! c'est bel et bien Votre Honneur ! s'écria la bonne dame. Oui, en vérité, et sous la forme même de mon vieux compère, maître Brown, le grand-père de l'innocent qui vit aujourd'hui. Mais – Votre Honneur le croira-t-il ? – mon manche à balai a disparu dans des circonstances étranges, volé, je le soupçonne, par la sorcière Goody Cory, ce gibier de potence, et cela, qui plus est, alors que j'étais toute ointe de suc de céleri sauvage, de quintefeuille et d'aconit tue-loup.

— Mélangé avec de la fine farine de froment et de la graisse d'un nouveau-né, dit celui qui était l'image du vieux maître Brown.

— Ah ! Votre Honneur connaît la recette, s'écria la vieille, caquetant à gorge déployée. Donc, comme je le disais, étant toute prête pour la réunion, sans cheval, j'ai décidé de faire le trajet à pied car on m'a dit qu'un gentil jeune homme doit recevoir la communion cette nuit. Mais, à présent, Votre Honneur, dans sa bonté, me prêtera son bras et nous serons rendus en un clin d'œil.

— Cela n'est guère possible, répondit son ami, je ne puis vous prêter mon bras, Goody Cloyse, mais voici mon bâton, si vous le voulez bien.

---

12. **smallage, cinquefoil, wolf's bane** : *plantes vénéneuses.*

13. **wheat** : *blé, froment* ; **separate** ou **divide the wheat from the chaff** : *séparer le bon grain de l'ivraie.*

14. **new-born** : *nouveau-né* ; **be born** : *naître.* **I was born in July** : *je suis né en juillet.*

15. **babe** : (poétique ou familier) *bébé.*

16. **shape** : *forme* ; **a monster in human shape** : *un monstre à la figure humaine* ; **what shape is it?** : *quelle forme ça a ?*

17. **cackle** : *caqueter, ricaner, glousser.*

18. suppression du relatif (**which**) et rejet de la préposition **on** : **no horse on which to ride.**

19. **to foot it** ou **to walk it** : (*y*) *aller à pied.*

20. **in a twinkling** ou **in the twinkling of an eye.**

21. **spare** : *passer, prêter, mettre à disposition.*

So[1] saying, he threw it down at her feet, where, perhaps, it assumed[2] life, being one of the rods which its owner had formerly lent to the Egyptian magi[3]. Of this fact, however, Goodman Brown could not take cognizance. He had cast up his eyes[4] in astonishment, and, looking down again, beheld neither Goody Cloyse nor[5] the serpentine staff, but his fellow-traveller alone, who waited for him as calmly as if nothing had happened[6].

'That old woman taught me my catechism,' said the young man; and there was a world of[7] meaning in this simple comment.

They continued to walk onward[8], while the elder traveller exhorted his companion to make good speed[9] and persevere in the path, discoursing so aptly[10] that his arguments seemed rather to spring up in the bosom of his auditor than to be suggested by himself. As they went, he plucked a branch of maple to serve for[11] a walking stick, and began to strip[12] it of the twigs and little boughs, which were wet with evening dew. The moment his fingers[13] touched them they became[14] strangely withered and dried up as with a week's sunshine[15]. Thus the pair proceeded, at a good free[16] pace, until suddenly, in a gloomy hollow of the road, Goodman Brown sat himself down on the stump of a tree and refused to go any farther[17].

'Friend,' said he, stubbornly, 'my mind is made up. Not another step will I budge on this errand. What if a wretched old woman do choose to go to the devil when[18] I thought she was going to heaven: is that any reason why I should quit my dear Faith and go after her?'

---

1. **so** joue le rôle de pronom, sert à éviter la répétition d'un mot ou d'une phrase : **Do you think he will come? Yes, I think so** (= I think he will come).

2. **assume** : *se donner, prendre* ; **assume control of sth** : *prendre en main la direction de qch*.

3. **magi** : (sing. **magus**) : *mage(s)* ; Moïse, devant le Pharaon, prêta sa baguette aux prêtres égyptiens et, tandis qu'ils la tenaient, la changea en serpent. **The Three Magi** : *les Rois Mages*.

4. **cast up his eyes** = looked up ; **cast, cast, cast** : *jeter, lancer* ; **cast a glance** : *jeter un coup d'œil*.

5. **neither... nor** : *ni... ni* ; **either... or** : *ou (bien)... ou (bien)*.

6. **happen** : *arriver* (événement) ; **arrive** : *arriver*.

7. **a world of** : (ici) *une foule, une quantité énorme de* ; **there is a world of difference between Ian and Dan**, *il y a un monde entre Ian et Dan*.

8. **onward** : 1. *en avant, vers l'avant* ; 2. (figuré) *en progrès*.

9. **speed** : *vitesse* ; **at full speed** : *à toute vitesse*.

Ce disant, il le jeta aux pieds de la vieille, où, peut-être, il s'anima, étant l'une des baguettes que son propriétaire avait autrefois prêtée aux prêtres égyptiens. De ce fait, cependant, maître Brown ne put prendre connaissance. Il avait levé les yeux, frappé d'étonnement, et, les baissant de nouveau, il n'avait vu ni Goody Cloyse ni le bâton en forme de serpent mais uniquement son compagnon qui l'attendait aussi calmement que si rien ne s'était passé.

— Cette vieille femme m'a enseigné le catéchisme, dit le jeune homme.

Qu'il y avait de sens dans ce simple commentaire !

Ils continuèrent à avancer pendant que l'aîné des voyageurs exhortait son compagnon à se dépêcher, à persévérer sur le chemin, devisant avec une telle habileté que ses arguments semblaient plutôt jaillir de la poitrine de son auditeur que d'être suggérés par lui-même. Comme ils marchaient, il arracha une branche d'érable pour s'en servir comme d'un bâton. Il commença à la dépouiller de ses brindilles et de ses rameaux qui étaient humides de la rosée du soir. Dès l'instant où ses doigts les touchèrent, ils se flétrirent et se desséchèrent étrangement, comme sous l'effet d'une semaine de soleil. Ainsi, d'un bon pas, les deux compères allaient allégrement leur chemin, jusqu'à ce que, tout à coup, dans un creux sinistre de la route, maître Brown s'assît sur la souche d'un arbre et refusât de continuer.

— Ami, dit-il, l'air obstiné, ma décision est prise. Je ne ferai pas un pas de plus vers ce but. Si une satanée vieille femme décide d'aller trouver le diable alors que je la croyais en route pour le paradis, est-ce une raison pour que je quitte ma chère Faith et que je la suive ?

---

10. **aptly** : *judicieusement, avec à-propos.*

11. **serve for** = **serve as** (plus courant) ; **it serves him as a table**, *ça lui sert de table.*

12. **strip** : *enlever, arracher, ôter entièrement* ; **to strip a tree of its bark** ou **to strip the bark from a tree** : *dépouiller un arbre de son écorce.*

13. **the moment his fingers...** ou **as soon as...** : *ausitôt que, dès que.*

14. **become, became, become** : *devenir.*

15. **a week's sunshine** : génitif pour exprimer une durée ou une distance : **a mile's walk.**

16. **free** : (mouvement, démarche) *libre, souple, sans raideur.*

17. **farther** : comparatif de **far** (*loin*) ; aussi **further** (*autre, supplémentaire*) : **he gave no further answer**, *il n'a pas donné d'autre réponse.*

18. **when** : (ici) *alors que* ; **how could she marry him when she knew he was a drunkard?** *comment a-t-elle pu l'épouser alors qu'elle savait que c'était un ivrogne ?*

'You will think better of this[1] by and by,' said his acquaintance, composedly. 'Sit here and rest yourself a while; and when you feel[2] like moving again, there is my staff to help you along.'

Without more words, he threw his companion the maple stick, and was as speedily[3] out of sight as if he had vanished into the deepening[4] gloom. The young man sat a few moments[5] by the roadside, applauding himself greatly, and thinking with how clear a conscience[6] he should meet the minister in his morning walk, nor shrink[7] from the eye of good old Deacon Gookin. And what calm sleep would be his[8] that very night, which was to have been spent so wickedly, but so purely and sweetly now, in the arms of Faith! Amidst[9] these pleasant and praiseworthy[10] meditations, Goodman Brown heard the tramp of horses along the road, and deemed it advisable to[11] conceal himself within the verge[12] of the forest, conscious of the guilty purpose[13] that had brought him thither, though now so happily turned from it.

On came the hoof[14] tramps[15] and the voices of the riders, two grave old voices, conversing soberly as they drew near[16]. These mingled sounds appeared to pass along the road, within a few yards of the young man's hiding-place[17]; but, owing doubtless to[18] the depth of the gloom at that particular spot, neither the travellers nor their steeds[19] were visible. Though their figures brushed the small boughs by the wayside, it could not be seen that they intercepted, even[20] for a moment, the faint gleam from the strip of bright sky athwart[21] which they must have passed[22].

---

1. **think better of this** : notez la préposition *of* avec *think*.

2. **when you feel...** : *when*, *while* (*tandis que*), *as soon as* (*dès que*) suivis du présent et non du futur.

3. **speedily** : *rapidement, promptement* ; **speed** : *vitesse*.

4. **deepen** : *devenir plus profond* (**deep**).

5. **moment** : **just a moment!** : *un instant !* ; **the moment I saw her** : *dès l'instant où je l'ai vue*.

6. **how clear a conscience** : notez la place de l'article *a*.

7. **shrink, shrank, shrunk** : *rentrer sous terre* (de crainte) ; **shrink back** : *esquisser un mouvement de recul*.

8. **what calm sleep would be his** : (m. à m.) *quel calme sommeil serait le sien*.

9. **amidst** ou **amid** : *parmi, au milieu de*.

10. **praiseworthy** : **to praise** : *louer, faire l'éloge de* ; **worthy (of)** : *digne (de)* ; **worthless** : *indigne, méprisable*.

11. **deemed it advisable to...** : emploi explétif de *it* ; **advisable** : *sage, recommendable* ; **to advise** : *conseiller*.

— Vous allez vous raviser sans tarder, lui dit l'autre d'un ton calme. Asseyez-vous ici, reposez-vous un instant et, quand vous éprouverez l'envie de reprendre la route, voici mon bâton pour vous aider.

Sans en dire davantage, il jeta le bâton d'érable en direction de son compagnon et fut hors de vue avec autant de précipitation que s'il avait disparu dans les ténèbres grandissantes. Le jeune homme demeura assis quelques instants sur le bord du chemin, se félicitant grandement et se disant qu'il rencontrerait, la conscience ô combien tranquille !, le pasteur au cours de sa promenade matinale et qu'il ne se ferait pas tout petit sous le regard du bon vieux diacre Gookin. Et de quel sommeil paisible il dormirait cette nuit même qu'il s'était apprêté à passer dans une telle perversion – nuit si pure et si douce désormais dans les bras de Faith ! Au milieu de ces pensées agréables et dignes de louange, maître Brown entendit le piétinement de chevaux sur le chemin et jugea opportun de se cacher à la lisière de la forêt, conscient de l'intention coupable qui l'avait conduit jusquelà, même si maintenant il s'en était si heureusement détourné.

Et voilà que lui parvenaient le bruit des sabots et les voix des cavaliers – deux voix graves de vieillards devisant calmement tandis qu'ils approchaient. Ces sons mêlés semblaient se produire le long du sentier, à moins de quelques mètres de la cachette du jeune homme, mais, à cause, nul doute, de l'épaisseur des ténèbres à cet endroit précis, ni les voyageurs ni leurs coursiers n'étaient visibles. Leurs silhouettes avaient beau frôler les petites branches sur le bord du chemin, on ne pouvait se rendre compte si elles interceptaient, fût-ce un instant, la faible lueur émanant de la bande de ciel clair, qu'elles avaient dû franchir.

---

12. **verge** : *bord, limites, confins* ; **on the verge of ruin, of starvation** : *à deux doigts de la ruine, de la famine*.

13. **purpose** : *but, objectif* ; **for that purpose** : *dans cette intention* ; **on purpose** : *exprès*.

14. **hoof** : *sabot* (d'animal), (pl.) **hoofs, hooves**.

15. **tramp** : *pas lourd* ; **the tramp of feet** : *le bruit de pas* ; **to tramp down, to tramp in** : *tasser du pied*.

16. **draw near, drew, drawn** : *approcher, s'approcher*.

17. **hiding-place** : *cachette* ; **to hide, hid, hidden** : *se cacher*.

18. **owing to, due to** : *en raison de, à cause de*.

19. **steed(s)** : (littéraire et poétique) *grand et beau cheval, coursier*.

20. **even** : (ici) *même, ne serait-ce que* ; **even supposing that...** : *même en supposant que...*

21. **athward** : *en travers de*.

22. **must have passed** : **must** ; **can, may** avec l'infinitif passé ; **he must have come** : *il a dû venir*.

Goodman Brown alternately[1] crouched and stood on tiptoe[2], pulling aside[3] the branches and thrusting forth[4] his head as far as he durst[5] without discerning so much as a shadow. It vexed[6] him the more[7], because he could have sworn, were such a thing possible, that he recognized the voices of the minister and Deacon Gookin, jogging along[8] quietly, as they were wont to do[9], when bound to[10] some ordination or ecclesiastical council. While yet within hearing, one of the riders stopped to pluck[11] a switch.

'Of the two, reverend sir,' said the voice like the deacon's[12], 'I had rather miss an ordination dinner than to-night's meeting. They tell me that some of our community are to be here from Falmouth and beyond[13], and others from Connecticut and Rhode Island, besides[14] several of the Indian powwows, who, after their fashion, know almost as much deviltry[15] as the best of us. Moreover, there is a goodly young woman to be taken into communion.'

'Mighty[16] well, Deacon Gookin!' replied the solemn old tones of the minister. 'Spur up, or we shall be late. Nothing can be done, you know, until I get on the ground.'

The hoofs clattered again; and the voices, talking so strangely in the empty air, passed on through the forest, where no church had ever been gathered or solitary Christian prayed. Whither, then, could these holy[17] men be journeying so deep into the heathen[18] wilderness? Young Goodman Brown caught hold of[19] a tree for support, being ready to sink down on the ground, faint and overburdened[20] with the heavy sickness[21] of his heart.

---

1. **alternately** : *tour à tour.*

2. **to tiptoe** : *marcher sur la pointe des pieds.*

3. **to pull** : *tirer* ; **aside** : *de côté, à part.*

4. **thrust (thrust, thrust) forth** : *pousser en avant* (brusquement) ; **forth, forward** : *en avant.*

5. **dare, dared** ou **durst, dared** : dans les phrases interrogatives et négatives surtout, **dare** fonctionne comme **can, may, must** ; **he dare not say it** : *il n'ose pas le dire.*

6. **vex** : *contrarier, fâcher* ; **offend** : *vexer.*

7. **(all) the more <u>because</u>** ou **<u>as</u>** ou **<u>since</u>** : *d'autant plus que.*

8. **jog along** : *aller son petit bonhomme de chemin.*

9. **were wont to do** (archaïque) = **used to do, were in the habit of doing** : expression de l'habitude dans le passé.

10. **when (they were) bound to** : *quand ils étaient en route pour* ; **while (they were) yet within hearing** (ligne suivante) : notez l'omission, fréquente, après **when, while.**

11. **pluck** : *arracher, tirer, cueillir* (fleur...).

Maître Brown tantôt s'accroupissait tantôt se dressait sur la pointe des pieds, écartant les branches et allongeant le cou aussi loin qu'il osait le faire, sans distinguer même une ombre. Cela l'agaçait d'autant plus qu'il aurait juré, si cela était pensable, reconnaître les voix du pasteur et du diacre Gookin qui cheminaient tranquillement comme ils avaient coutume de le faire lorsqu'ils se rendaient à quelque ordination ou conseil ecclésiastique. Alors qu'ils étaient encore assez près pour être entendus, l'un des cavaliers s'arrêta pour cueillir une badine.

— Entre les deux, Révérend Père, dit la voix qui ressemblait à celle du diacre, j'aimerais mieux manquer un dîner d'ordination que la réunion de cette nuit. On me dit que des membres de notre communauté doivent venir ici de Falmouth et de plus loin, d'autres du Connecticut et de Rhode Island, ainsi que plusieurs sorciers indiens qui, à leur façon, s'y connaissent presque autant que les meilleurs d'entre nous en magie noire. En outre, il y a une charmante jeune femme qui doit être admise à la communion.

— Très bien, diacre Gookin ! répondit le pasteur de son ton solennel de vieillard. Piquez de l'éperon ou nous allons être en retard. Rien ne peut se faire, vous savez, avant que je ne me trouve sur les lieux.

Les sabots des chevaux résonnèrent à nouveau et les voix, qui parlaient si étrangement dans l'air vide, s'éloignèrent dans la forêt où nulle église ne s'était jamais rassemblée et où nul chrétien solitaire n'avait jamais prié. Où donc ces hommes vénérables pouvaient-ils se rendre, enfoncés si avant dans ces lieux sauvages et païens ? Le jeune maître Brown saisit un arbre à la recherche d'un appui, prêt à s'effondrer sur le sol, affaibli, accablé sous le poids de son cœur meurtri.

---

12. **the deacon's (voice)** : cas possessif incomplet pour éviter la répétition (équivalent de *celui de, celle de*).
13. **beyond** : 1. *au-delà* ; 2. *au-delà de*.
14. **besides** : 1. *outre* ; 2. *en outre* ; **beside** : *à côté (de)*.
15. **deviltry** (amér.), **devilry** : *magie noire, maléfices*.
16. **mighty** : (adv. ici) *joliment, fameusement, rudement*.
17. **holy** : *saint* ; **on holy ground** : *dans un lieu saint* ; **holy war** : *guerre sainte*.
18. **heathen** (adj. et n.) : *païen* ; **the heathen** : *les païens*.
19. **catch hold of, caught, caught** : *attraper, se saisir de*.
20. **overburden** : 1. *surcharger* ; 2. *accabler* ; **burden** : *fardeau* ; **be a burden to** : *être un fardeau pour*.
21. **sickness** : *maladie* ; **sick** : *malade* ; **I'm sick (and tired) of it all** : *j'en ai assez de tout ça*.

He looked up[1] to the sky[2], doubting whether there really was a heaven above him. Yet there was the blue arch, and the stars brightening[3] in it.

'With heaven above and Faith below, I will yet stand firm against the devil!' cried Goodman Brown.

While he still gazed upward[4] into the deep arch of the firmament and had lifted his hands to pray, a cloud, though no wind was stirring[5], hurried[6] across[7] the zenith and hid the brightening stars. The blue sky was still visible, except directly overhead, where this black mass of cloud was sweeping[8] swiftly northward. Aloft in the air, as if from the depths of the cloud, came a confused and doubtful[9] sound of voices. Once[10] the listener fancied[11] that he could distinguish the accents of townspeople[12] of his own[13], men and women, both pious and ungodly[14], many of whom he had met at the communion table, and had seen others rioting[15] at the tavern. The next moment, so indistinct were the sounds, he doubted whether he had heard aught[16] but[17] the murmur of the old forest, whispering without a wind. Then came a stronger swell[18] of those familiar tones, heard daily in the sunshine at Salem village, but never until now from a cloud of night. There was one voice of a young woman, uttering[19] lamentations, yet with an uncertain sorrow, and entreating[20] for some favor, which, perhaps, it would grieve[21] her to obtain; and all the unseen multitude, both saints and sinners, seemed to encourage her onward.

'Faith!' shouted Goodman Brown, in a voice of agony[22] and

---

1. **look up** : *lever les yeux* ; **look down** : *baisser les yeux*.
2. **sky** : *ciel* (que l'on voit) ; **heaven** : *ciel, paradis*.
3. **brightening** : becoming bright (*brillant*).
4. **upward** : *vers le haut*.
5. **stir** : 1. *bouger, (se) remuer* ; 2. *(s')agiter*.
6. **to hurry** : *se hâter, se dépêcher*.
7. **across** : 1. *d'un côté à l'autre* ; 2. *de l'autre côté de*.
8. **sweep, swept, swept** : *se mouvoir impétueuement* ou *majestueusement*.
9. **doubtful** : *douteux* ; **doubt** 1. (n.) *doute* ; 2. (v.) *douter*.
10. **once, twice, three times...** : *une fois, deux fois, trois fois...* ; **once upon a time** : *il était une fois*.
11. **fancy** : 1. *(s')imaginer* ; 2. (n.) *imagination, fantaisie*.
12. **towns(-)people** : *habitants d'une ville, citadins*.

Il leva les yeux au ciel, doutant qu'il y eût réellement un paradis au-dessus de sa tête. Pourtant la voûte bleue était là et les étoiles scintillaient.

— Avec le paradis là-haut et Faith ici-bas, je résisterai encore fermement au démon, s'écria maître Brown.

Pendant qu'il continuait de contempler la voûte profonde du firmament et levait les mains pour prier, un nuage, alors qu'aucun vent ne soufflait, traversa précipitamment le zénith et masqua les étoiles qui brillaient. Le ciel bleu était encore visible, sauf directement au-dessus, à l'endroit où cette masse noire de nuages filait, impétueuse, droit vers le nord. Là-haut, dans l'air, comme venu des profondeurs de la nuée, parvenait un bruit de voix, confus et indistinct. Une fois, maître Brown s'imagina reconnaître les voix de ses propres concitoyens, hommes et femmes, pieux et impies dont il avait vu beaucoup agenouillés à la Sainte Table et d'autres faisant bombance à la taverne. L'instant d'après, les bruits étaient si vagues qu'il se demanda s'il n'avait entendu que le bruissement de l'antique forêt qui murmurait sans qu'il y eût le moindre souffle. Puis vint un son plus ample avec ces accents familiers que l'on entend chaque jour au soleil dans le village de Salem, mais jamais jusqu'alors, en provenance d'un nuage, la nuit. Il y avait une voix, celle d'une jeune femme poussant des lamentations, mais avec un chagrin ambigu, implorant quelque faveur dont l'obtention lui apporterait peut-être de la peine. Et toute la foule invisible, saints et pécheurs confondus, semblait l'encourager à avancer.

— Faith ! s'écria maître Brown d'une voix chargée d'angoisse et

---

13. **of his own** : *propre, (bien) à lui* ; **he wants a room of his own** : *il veut sa propre chambre, sa chambre à lui*.

14. **ungodly** : 1. *sans Dieu* (**God**) ; 2. *impossible* (bruit), *déraisonnable* ; **at some ungodly hour** : *à une heure impossible* ou *indue*.

15. **riot** : *faire des excès* ; **run riot** : *être déchaîné*.

16. **aught** (archaïque) = **anything**.

17. **but, except, apart from** : *excepté, sauf, à part*.

18. **swell** : 1. *houle* (mer) ; 2. *crescendo* (musique).

19. **utter** : 1. *prononcer, proférer* (mot) ; 2. *pousser* (cri) ; **he didn't utter a word** : *il n'a pas dit un seul mot* .

20. **entreat** : *supplier* ; **I entreat you** : *je vous en supplie*.

21. **grieve** : *peiner, chagriner* ; **grief** : *chagrin*.

22. **agony** : *angoisse, douleur atroce* (physique ou morale).

desperation; and the echoes of the forest mocked[1] him, crying, 'Faith! Faith!' as if bewildered wretches[2] were seeking[3] her all through the wilderness.

The cry of grief, rage, and terror was yet piercing the night, when the unhappy husband held his breath for[4] a response[5]. There was a scream, drowned[6] immediately in a louder murmur of voices, fading[7] into far-off laughter, as the dark cloud swept away, leaving the clear and silent sky above Goodman Brown. But something fluttered[8] lightly[9] down through the air and caught[10] on the branch of a tree. The young man seized it, and beheld[11] a pink ribbon.

'My Faith is gone!' cried he, after one stupefied moment. 'There is no good on earth; and sin is but a name. Come, devil; for to thee is this world given.'

And, maddened with despair, so that he laughed loud and long, did Goodman Brown grasp[12] his staff and set forth[13] again, at such a rate[14] that he seemed to fly along the forest path rather than to walk or run. The road grew wilder[15] and drearier[16] and more faintly[17] traced, and vanished[18] at length[19], leaving him in the heart of the dark wilderness, still rushing[20] onward with the instinct that guides mortal man to evil. The whole forest was peopled with[21] frightful sounds – the creaking of the trees, the howling of wild beasts, and the yell[22] of Indians; while sometimes the wind tolled[23] like a distant church bell, and sometimes gave a broad[24] roar around the traveller, as if all Nature were laughing him to scorn[25].

---

1. **mock** : *railler, tourner en dérision*.
2. **wretch** : *pauvre diable* ; **you wretch!** : *misérable !*
3. **seek, sought, sought** : *chercher*.
4. **for** exprime ici l'attente ; **wait for sb** : *attendre qn*.
5. **response** : *réponse* et, surtout, *réaction*.
6. **drown** : 1. *(se) noyer* ; 2. (bruit) *étouffer, couvrir*.
7. **fade** : *baisser, diminuer graduellement*.
8. **flutter** : *flotter, palpiter, s'agiter* (au vent).
9. **lightly** : *légèrement, doucement, délicatement*.
10. **catch, caught, caught** : *prendre, attraper* ; (ici) *s'accrocher*.
11. **behold, beheld, beheld** (littéraire) : *voir, apercevoir*.
12. **grasp** : 1. *saisir* ; 2. *saisir, comprendre*.
13. **set forth, set, set** : *partir* ; **forth, forward** : *en avant*.
14. **rate** : 1. (ici = **pace**) *vitesse, rythme* ; **at the rate of ten pages per hour** : *à raison de dix pages à l'heure* ; 2. *taux, tarif*.

de désespoir ; et les échos de la forêt le tournaient en dérision, répétant « Faith ! Faith ! », comme si de malheureux égarés la cherchaient par tout l'espace désolé.

Le cri de douleur, de rage et de terreur déchirait encore la nuit quand l'époux infortuné retint son souffle dans l'attente d'une réponse. Il y eut un autre cri, aigu, étouffé sur-le-champ par un murmure plus élevé de voix, qui se perdit en un rire lointain, à mesure que le nuage noir s'éloignait, laissant le ciel clair et silencieux au-dessus de maître Brown. Mais quelque chose de léger flotta dans l'air, tomba et se prit dans la branche d'un arbre. Le jeune homme s'en saisit et vit un ruban rose.

— Ma chère Faith est partie ! s'écria-t-il après un moment de stupeur. Il n'y a rien de bon sur cette terre et le péché n'est qu'un mot. Viens, Satan, car c'est à toi que ce monde appartient.

Et, fou de désespoir au point qu'il se mit à rire tout fort et longtemps, Brown empoigna son bâton et se remit en route à une telle allure qu'il donnait l'impression de voler sur le chemin de la forêt plutôt que de marcher ou courir. Le sentier se faisait plus sauvage, plus désolé, plus mal tracé et finalement s'effaçait, laissant le maître au cœur de ces sombres solitudes, poursuivant sa course précipitée avec l'instinct qui conduit les mortels vers le mal. La forêt tout entière était animée de bruits effrayants – craquements d'arbres, hurlements de bêtes sauvages, cris d'Indiens –, tandis que le vent évoquait tantôt le glas d'une lointaine église, tantôt rugissait de plus belle autour du voyageur, comme si toute la nature, dédaigneuse, se riait de lui.

---

15. **grow, grew, grown** + adj. : *devenir* ; **it is growing dark** : *la nuit tombe*.

16. **dreary** : *triste, morne, lugubre*.

17. **faintly** : *d'une manière indistincte, vague* (**faint**).

18. **vanish** : *disparaître* ; **vanish into thin air** : *se volatiliser*.

19. **at length** : *enfin, pour finir* ; **length** : *longueur*.

20. **rush** : *se précipiter* ; **rush** : *précipitation* ; **he's always in a rush** : *il est toujours pressé*.

21. **peopled with** : (m. à m.) *peuplé de* ; **people** : *les gens*.

22. **yell** : *hurlement, vocifération* ; **to yell** : *hurler*.

23. **toll** : *sonner le glas* ; ***For Whom the Bell Tolls***, *Pour qui sonne le glas*, célèbre roman d'Ernest Hemingway.

24. **broad** : (ici) *large, ample*.

25. **scorn** : 1. *dédain* = (syn.) **contempt** ; 2. *dédaigner*.

But he was himself the chief[1] horror of the scene, and shrank not from its other horrors.

'Ha! ha! ha!' roared Goodman Brown when the wind laughed at him.

'Let us hear which[2] will laugh loudest. Think not to frighten me[3] with your deviltry. Come witch, come wizard, come Indian powwow, come devil himself, and here comes Goodman Brown. You may as well fear him as he fear you.'

In truth[4], all through the haunted forest there could be nothing more frightful than the figure of Goodman Brown. On he flew among the black pines, brandishing his staff with frenzied gestures, now giving vent to[5] an inspiration of horrid blasphemy, and now shouting forth such laughter as set all the echoes of the forest laughing[6] like demons around him. The fiend in his own shape[7] is less hideous than when he rages[8] in the breast[9] of man. Thus sped[10] the demoniac on his course[11], until, quivering among the trees, he saw a red light before him, as when the felled[12] trunks and branches of a clearing have been set on fire[13], and throw up their lurid blaze[14] against the sky, at the hour of midnight. He paused, in a lull of the tempest that had driven him onward, and heard the swell[15] of what seemed a hymn, rolling solemnly from a distance with the weight[16] of many voices. He knew the tune; it was a familiar one[17] in the choir of the village meeting-house. The verse died heavily away, and was lengthened by a chorus, not of human voices, but of all the sounds of the benighted[18] wilderness pealing in awful harmony together.

---

1. **chief** : *principal* = (syn.) **main, principal**.

2. **which** exprime ici l'idée de choix.

3. **think not to frighten me** : do not think you will frighten me ; **fright** : *frayeur, peur* ; **take fright** : *prendre peur*.

4. **truth** : *vérité* ; **truthful** : (personne) *qui dit la vérité*.

5. **vent to** (give) : *donner / laisser libre cours à* (ses sentiments).

6. **set... the echoes... laughing** : **set** (sens causatif) ; **the news set me thinking** : *la nouvelle m'a fait réfléchir* ; **this set everybody laughing** : *cela a fait rire tout le monde*.

7. **shape** : *forme, silhouette* ; **to shape** : *façonner, modeler*.

8. **rages** : **to rage** : *faire rage, être déchaîné* ; **the fire raged through the city** : *l'incendie s'est propagé dans la ville avec une intensité inouïe*.

9. **breast** : 1. *poitrine* ; 2. (ici) *cœur, sein, conscience* ; **the grief hidden in her breast** : *le chagrin qu'elle cachait dans son cœur*.

Mais il était lui-même la plus grande horreur de la scène et ne reculait pas de peur devant les autres horreurs.

— Ha ! ha ! ha ! hurlait Maître Brown quand le vent se moquait de lui. Voyons qui rira le plus fort ! Ne croyez pas que vous allez m'effrayer avec vos diableries. Venez, sorcières, venez, magiciens, venez, prêtres indiens, venez, diable, en personne. Voici qu'arrive maître Brown. Vous pouvez avoir autant peur de lui qu'il a peur de vous.

En vérité, dans toute la forêt hantée, il ne pouvait y avoir rien de plus terrifiant que la silhouette de Brown. Il filait toujours au milieu des pins noirs, brandissant son bâton d'un geste frénétique, tantôt laissant éclater un torrent d'affreux blasphèmes, tantôt partant d'un rire si énorme que tous les échos de la forêt l'imitaient, tels des démons se gaussant autour de lui. Le Malin, sous son apparence propre, est moins repoussant que lorsqu'il se déchaîne dans le cœur de l'homme. Ainsi le possédé poursuivait sa course, quand il aperçut devant lui, tremblant entre les arbres, une lumière rouge, semblable à celle que l'on voit lorsque les troncs abattus et les branches d'une clairière sont soumis au feu et jettent sur le ciel leur lumière blafarde, à l'heure de minuit. Il s'immobilisa lors d'une accalmie de la tempête qui l'avait poussé jusque-là et il entendit les échos grandissants, solennels de ce qui ressemblait à un cantique, portés de loin par des voix sonores et multiples. Il connaissait l'air ; il était fréquemment chanté par la chorale du temple du village. Le couplet prit fin lentement, prolongé par un refrain, entonné non par des voix humaines mais fait des bruits du désert ténébreux, retentissant à l'unisson dans une harmonie terrifiante.

---

10. **to speed, sped, sped** : *aller vite, se hâter, voler.*

11. **course** : *course, marche en avant.*

12. **to fell** : *abattre* (arbre) ; ne pas confondre avec **to fall, fell, fallen** : *tomber.*

13. **set sth on fire** ou **set fire to sth** : *mettre le feu à qch.*

14. **blaze** : *flamme* ; **to blaze** : *être illuminé, resplendir.*

15. **swell** : (ici) *son ample* ; **to swell, swelled, swollen** ou **swelled** : *enfler* (son), *grossir* (rivière), *augmenter* (nombre...).

16. **weight** : 1. *poids* ; 2. (fig,) *poids, force* (argument) ; **to weigh** : *peser.*

17. **one**, pronom, sert à éviter la répétition (de **tune**, ici) ; **which <u>dress</u> do you prefer, the blue <u>one</u> or the red <u>one</u>?**

18. **benighted** : 1. *surpris par la nuit* ; 2. *resté dans les ténèbres de l'ignorance* ; 3. *à courte vue* (politique, programme...).

83

Goodman Brown cried out, and his cry was lost[1] to his own ear by its unison with the cry of the desert.

In the interval of silence he stole forward[2] until the light glared[3] full[4] upon his eyes. At one extremity of an open[5] space, hemmed in[6] by the dark wall of the forest, arose a rock, bearing some rude[7], natural resemblance[8] either to an alter or a pulpit, and surrounded by four blazing pines, their tops aflame, their stems[9] untouched, like candles at an evening meeting. The mass of foliage that had overgrown[10] the summit of the rock was all on fire, blazing high into the night and fitfully[11] illuminating the whole field. Each pendent twig and leafy festoon was in a blaze. As the red light arose and fell, a numerous congregation alternately shone forth, then disappeared in shadow, and again grew, as it were[12], out of the darkness, peopling the heart of the solitary woods at once.

'A grave and dark-clad company,' quoth[13] Goodman Brown.

In truth they were such[14]. Among them, quivering to and fro between gloom and splendor, appeared faces that would be seen next day at the council board of the province, and others which, Sabbath after Sabbath, looked devoutly heavenward[15], and benignantly over the crowded pews[16], from the holiest pulpits in the land. Some affirm that the lady of the governor was there. At least[17] there were high dames[18] well known to[19] her, and wives of honored husbands, and widows, a great multitude, and ancient maidens, all of excellent repute, and fair young girls, who trembled lest[20] their mothers should espy them.

---

1. **to lose, lost, lost** : *perdre* ; **this was not lost <u>on</u> him** : *cela ne lui a pas échappé*.

2. **steal up, down, out..., stole, stolen** : *monter, descendre, sortir à pas furtifs, comme un voleur* (**to steal** : *voler*).

3. **glare** : *briller d'un éclat éblouissant*.

4. **full** : (adv.) *en plein* ; **hit sb full in the face** : *frapper qn en plein visage* ; **turn the sound up full** : *mettre le son à fond*.

5. **open** : (ici) *découvert, exposé* ; **in open country** : *en rase campagne* ; **patch of open ground** (= **clearing**) : *clairière*.

6. **hemmed in** : *entouré, cerné, enfermé* ; **hem** : *ourlet, bord*.

7. **rude** : *grossier, rudimentaire*.

8. **resemblance, likeness** : *ressemblance* ; **resemble sb** (sans prép.), **look like sb** : *ressembler à qn*.

9. **stem** : 1. *tronc* (arbre) ; 2. *tige* (fleur) ; 3. *pied* (verre).

10. **overgrow, overgrew, overgrown** : *recouvrir* (d'une végétation qui pousse dru).

11. **fitfully** : *par à-coups* ; **fitful** : *intermittent, irrégulier* ; **fit** : *accès, crise*.

84

Maître Brown poussa un cri et son cri ne fut pas perçu par ses propres oreilles car il se confondait avec celui de la forêt.

Dans un intervalle de silence, il avança d'un pas furtif jusqu'à ce que la lumière brillât en plein dans ses yeux. À l'une des extrémités d'un espace découvert, cerné par le sombre rempart de la forêt, se dressait un rocher qui offrait une vague ressemblance naturelle avec un autel ou une chaire d'église, entouré de quatre pins étincelants, aux cimes en flammes, aux troncs indemnes, pareils à des cierges pendant un office du soir. La masse du feuillage qui envahissait le sommet du rocher était la proie du feu et brûlait haut dans la nuit, illuminant par intermittence l'espace tout entier. Toutes les brindilles suspendues, tous les festons de feuillage étaient embrasés. Selon que la lumière rouge s'intensifiait ou s'affaiblissait, une nombreuse assistance tour à tour apparaissait dans la clarté et s'évanouissait dans l'ombre et puis, de nouveau, renaissait, pour ainsi dire, des ténèbres, peuplant tout à coup le cœur des bois solitaires.

— Assemblée bien solennelle et bien sombrement vêtue, dit maître Brown.

En vérité, il en était ainsi. Parmi eux, passant en alternance de l'ombre à la lumière tremblotante, apparaissaient des visages que l'on verrait le lendemain à la table du conseil de la province, d'autres qui, dimanche après dimanche, depuis les chaires les plus sacrées du pays, levaient avec dévotion les yeux vers le ciel et avec bonté les abaissaient sur les bancs pleins de fidèles. Certains affirment que l'épouse du gouverneur était présente. Il y avait, du moins, des dames de haut rang, bien connues d'elle, et des épouses d'hommes honorables et des veuves, en très grand nombre, et de vénérables demoiselles, toutes d'excellente réputation, et de belles jeunes filles tremblant de peur que leur mère ne les aperçût.

---

12. **as it were** (= so to speak) : *pour ainsi dire*.

13. **quoth** : archaïque ou humoristique ; **quoth he** : *dit-il*.

14. **such** : *tel(le)* ; **his grief was such that he started crying,** *son chagrin était tel qu'il s'est mis à pleurer*.

15. **-ward(s)** (suffixe) ; *vers, dans la direction ou en direction de* ; **townward(s)** : *vers la ville*.

16. **pew** : *banc d'église* ; **bench** : *banc*.

17. **at least** : *au moins* ; **last but not least** : *le dernier mais non le moindre*.

18. **dame** : *dame* (en G-B, titre nobiliaire féminin personnel ou de l'épouse d'un aristocrate).

19. **known to her** : notez la préposition (*connu d'elle*).

20. **lest** : *de crainte que, de peur que* ; **he took the map lest he should get lost** : *il a pris la carte de peur de se perdre*.

Either the sudden gleams of light flashing[1] over the obscure field bedazzled Goodman Brown, or he recognized a score of the church members of Salem village famous for their especial sanctity. Good old Deacon Gookin had arrived[2], and waited at the skirts[3] of that venerable saint, his revered pastor. But, irreverently consorting with these grave, reputable[4], and pious people, these elders of the church, these chaste dames and dewy[5] virgins, there were men of dissolute lives and women of spotted[6] fame, wretches given over to all mean[7] and filthy[8] vice, and suspected even of horrid crimes. It was strange to see that the good shrank not from the wicked, nor were the sinners[9] abashed by the saints. Scattered also among their pale-faced[10] enemies were the Indian priests, or powwows, who had often scared[11] their native forest with more hideous incantations than any known to English witchcraft[12].

'But where is Faith?' thought Goodman Brown; and, as hope came into his heart, he trembled.

Another verse of the hymn arose, a slow and mournful[13] strain, such as the pious[14] love, but joined to words which expressed all that our nature can conceive of sin, and darkly hinted at[15] far more. Unfathomable[16] to mere mortals is the lore[17] of fiends. Verse after verse was sung; and still the chorus of the desert swelled between, like the deepest tone of a mighty organ; and with the final peal of that dreadful[18] anthem there came a sound, as if the roaring wind, the rushing streams, the howling beasts, and every other voice of the unconverted[19] wilderness were mingling and according with the voice of guilty man in homage to the prince of all.

---

1. **flash** : *lancer des éclairs* ; **a beam of light flashed across her face** : *un trait de lumière éclaira soudain son visage* ; **flash** (n.) : *lueur soudaine*.

2. **had arrived** : le passé composé est toujours construit avec **to have** en anglais.

3. **skirt** : (ici) *pan, basque* (de vêtement).

4. **reputable** : *honorable, estimé* ; **repute** : *réputation, renom* ; **I know him by repute** : *je le connais de réputation*.

5. **dewy** : (m. à m.) *semblable à la rosée* (**dew**), *innocent, naïf*.

6. **spotted** : *taché, sali* ; **a spot** : *une tache*.

7. **mean** : 1. (ici) *vilain, méprisable* ; 2. *mesquin* ; 3. *avare*.

8. **filthy** : *immonde, ignoble, ordurier* ; **filth** : (fig.) *saleté, ordure*.

9. **sinner** : *pécheur* ; **sin** : *péché* ; **to sin** : *pécher*.

10. **pale-faced** : adj. composé ; **white-haired** : *aux cheveux blancs* ; **blue-eyed** : *aux yeux bleus*.

Ou bien les soudaines lueurs qui apparaissaient brusquement sur le sombre découvert éblouissaient maître Brown ou bien celui-ci reconnaissait une vingtaine de membres de l'église de Salem, connus pour leur extraordinaire sainteté. Le bon vieux diacre Gookin était arrivé et attendait au côté du vénérable saint, son vénéré pasteur. Mais irrévérencieusement mêlés à ces personnages graves, honorables et dévots, à ces anciens de l'église, à ces chastes dames et à ces vierges éthérées, il y avait des hommes aux mœurs dissolues, des femmes à la réputation entachée, des scélérats adonnés à tous leurs vices méprisables et répugnants, soupçonnés même de crimes horribles. Il était étrange de constater que les bons ne s'écartaient pas des méchants et que les pécheurs n'étaient pas non plus décontenancés par les saints. Disséminés également parmi leurs ennemis au visage pâle, se trouvaient des prêtres indiens ou powwows qui avaient souvent semé la terreur dans leur forêt natale avec des incantations plus horribles que toutes celles connues des sorciers anglais.

— Mais où donc est Faith ? se dit maître Brown et, comme l'espoir naissait en son cœur, il se mit à trembler.

Un autre couplet du cantique s'éleva, un chant lent et funèbre, comme l'aiment les âmes pieuses, mais avec des paroles qui exprimaient tout ce que notre nature peut concevoir de péché et avec des sous-entendus bien plus sombres encore. Insondable est la science des démons pour les simples mortels. Couplet après couplet, le chant s'égrenait et toujours l'ample refrain de la forêt solitaire s'insinuait, tels les accents caverneux d'un orgue puissant. Et, accompagnant le dernier accord de cet hymne formidable, monta un son, comme si les hurlements du vent, les roulements précipités des cours d'eau, les cris furieux des animaux et toutes les autres voix des lieux sauvages et païens se mêlaient et s'accordaient à la voix de l'homme coupable, en hommage au prince de tous.

---

11. **scare** : *effrayer* (aussi **sb a scare**).
12. **witchcraft** : *sorcellerie* (aussi '**deviltry**', **witchery**).
13. **mournful** : *triste, lugubre* ; **to mourn for sb** : *pleurer la perte de qn.*
14. **the pious** : *les (gens) pieux* : adj. employé comme n., désignant toute une catégorie : **the rich**, *les riches*, **the poor**, *les pauvres.*
15. **hint at** : *insinuer, suggérer* ; **a hint** : *une allusion.*
16. **unfathomable** : *insondable* ; **to fathom** : 1. *sonder* ; 2. *pénétrer* (mystère).
17. **lore** : ensemble des connaissances traditionnelles sur un sujet donné (**folklore** ; **folk** : *les gens, peuple, race*).
18. **dreadful** : *affreux, épouvantable, redoutable* ; **to dread** : *redouter.*
19. **unconverted** (m. à m.) *non converti.*

The four blazing[1] pines threw up a loftier[2] flame, and obscurely discovered shapes and visages of horror on the smoke wreaths[3] above the impious assembly. At the same moment the fire on the rock shot redly forth[4] and formed a glowing[5] arch above its base, where now appeared a figure. With reverence be it spoken, the figure bore no slight[6] similitude, both in garb[7] and manner, to some grave divine of the New England churches.

'Bring forth the converts!' cried a voice that echoed through the field[8] and rolled into the forest.

At the word, Goodman Brown stepped forth from the shadow of the trees and approached the congregation, with whom he felt a loathful[9] brotherhood[10] by the sympathy of all that was wicked in his heart. He could have well-nigh[11] sworn that the shape of his own dead father beckoned him to advance, looking downward from a smoke wreath, while a woman, with dim[12] features[13] of despair, threw out her hand to warn him back[14]. Was it his mother? But he had no power[15] to retreat one[16] step, nor to resist, even in thought, when the minister and good old Deacon Gookin seized[17] his arms and led[18] him to the blazing rock. Thither came also the slender[19] form of a veiled female, led between Goody Cloyse, that pious teacher of the catechism, and Martha Carrier, who had received the devil's promise to be queen of hell. A rampant[20] hag was she. And there stood the proselytes beneath the canopy of fire.

---

1. **blazing** : 1. *en flammes* ; 2. *éclatant* ; 3. (fig.) *flamboyant*.
2. **loftier** : **lofty** : 1. *haut, élevé* ; 2. *noble* ; 3. *hautain*.
3. **wreath** : 1. *spirale, volute* (de fumée) ; 2. *couronne* (de fleurs).
4. **shoot** (**shot, shot**) **forth** : *s'élancer comme une flèche*.
5. **glow** : *rougeoyer*.
6. **slight** : *petit, léger* ; **I haven't the slightest idea** : *je n'en ai pas la moindre idée*.
7. **garb** : *vêtement, façon de s'habiller, mise*.
8. **field** : *champ* ; **field of battle** : *champ de bataille*.
9. **loathful, loathesome** : *odieux, ignoble, détestable* ; **to loathe** : *détester, haïr* ; **loathe doing sth** : *détester faire qch*.
10. **brotherhood, motherhood** (*maternité*), **parenthood** (*condition de parent*).
11. **well-nigh, wellnigh** (archaïque) = **almost, nearly** : *presque*.

Les quatre pins allumés jetèrent une flamme plus haute et découvrirent vaguement des silhouettes et des visages horribles sur les volutes de fumée, au-dessus de l'assemblée des impies. Au même instant, le feu, sur le rocher, jaillit, rougeoyant, et décrivit une voûte de la même couleur au-dessus de la plate-forme sur laquelle apparut maintenant un personnage. Soit dit en toute révérence, ce personnage offrait une grande ressemblance, par l'accoutrement et les manières, avec quelque grave et saint dignitaire des églises de la Nouvelle-Angleterre.

— Faites venir les convertis ! clama une voix qui résonna dans l'espace découvert et se répercuta dans la forêt.

À ces mots, maître Brown s'avança, sortit de l'ombre des arbres et s'approcha des fidèles pour lesquels il éprouva un funeste élan de fraternité, en écho avec tout ce qu'il y avait de pervers dans son cœur. Il aurait presque pu jurer que le fantôme de son propre père défunt, les yeux baissés, dans un nuage de fumée, lui faisait signe d'avancer tandis qu'une femme aux traits imprécis, marqués par le désespoir, étendait la main pour l'avertir de revenir en arrière. Était-ce sa mère ? Mais il fut dans l'incapacité de reculer d'un seul pas ou de résister, fût-ce en pensée, quand le pasteur et le diacre Gookin lui saisirent les bras et l'emmenèrent vers le rocher embrasé. Arriva aussi la mince silhouette d'une femme voilée, conduite d'un côté par Goody Cloyse, la pieuse catéchiste, et de l'autre, par Martha Carrier, qui avait reçu du démon la promesse qu'elle deviendrait la reine de l'enfer – c'était une vieille mégère agressive. Et les prosélytes se tenaient là, sous le dais de feu.

---

12. **dim** : *vague, imprécis, confus* ; **dimly** : *faiblement* ; **dimly lit** : *mal éclairé*.

13. **feature** : *trait du visage* ; **the features** : *la physionomie* ; **to have delicate features** : *avoir les traits fins*.

14. **warn him back** : comparez la construction et la traduction ; **back** (adv.) : *en arrière, vers l'arrière*.

15. **power** : *pouvoir, possibilité* ; **powerful** : *puissant*.

16. **one** : distinguez **one** de **a** : **I have a brother who lives in England,** mais **I have one brother not two.**

17. **seize = grasp** : *saisir*.

18. **lead, led, led** : *conduire, mener*.

19. **slender** : *mince, fin, menu*.

20. **rampant = aggressive, raging** : *agressif, déchaîné*.

'Welcome, my children,' said the dark figure, 'to the communion of your race. Ye[1] have found thus[2] young your nature and your destiny. My children, look behind you!'

They turned; and flashing[3] forth, as it were, in a sheet[4] of flame, the fiend[5] worshippers[6] were seen; the smile of welcome gleamed darkly on every visage.

'There,' resumed the sable[7] form, 'are all whom ye have reverenced[8] from youth[9]. Ye deemed[10] them holier than yourselves, and shrank from your own sin, contrasting it with their lives of righteousness[11] and prayerful aspirations heavenward. Yet here are they all in my worshipping assembly. This night it shall be granted[12] you to know their secret deeds: how hoary[13]-bearded elders of the church have whispered wanton words to the young maids of their households[14]; how many a woman, eager for[15] widows' weeds[16], has given her husband a drink at bedtime and let him sleep his last sleep in her bosom; how beardless youths have made haste to inherit[17] their fathers' wealth[18]; and how fair damsels – blush[19] not, sweet ones – have dug little graves in the garden, and bidden[20] me, the sole[21] guest to an infant's[22] funeral. By the sympathy of your human hearts for sin ye shall scent out[23] all the places – whether in church, bedchamber, street, field, or[24] forest – where crime has been committed, and shall exult to behold the whole earth one stain of guilt, one mighty[25] blood spot.

---

1. **ye** : *forme archaïque de* **you**.

2. **thus** : *ainsi*

3. **flash** : *apparaître brusquement comme un éclair.*

4. **sheet** : *drap.*

5. **fiend** = **devil** : *diable, démon ;* **fiendish** : *diabolique.*

6. **worship(p)er(s)** : *adorateur ;* **to worship** = **to adore**.

7. **sable** (n. héraldique/littéraire) : *couleur noire.*

8. **all whom ye have reverenced** : *tous ceux que vous avez considérés avec vénération.*

9. **from youth** (jeunesse) = **since you were young**.

10. **deem** : *juger, estimer ;* **it was not deemed necessary** : *on a jugé que ce n'était pas nécessaire.*

11. **righteousness** : *droiture, honnêteté ;* **righteous** 1.*droit, vertueux* ; 2.*moralisateur.*

12. **granted** : <u>**he was granted**</u> **permission to go** (notez cette forme passive) : *on lui a accordé la permission de partir.*

13. **hoary** : *blanc, blanchi, blanc neigeux.*

— Bienvenue, mes enfants, à la table de communion de votre race ! dit le sombre personnage. Vous avez découvert, jeunes que vous êtes, votre nature et votre destinée. Regardez derrière vous, mes enfants.

Ils se retournèrent et, en un éclair, comme drapés d'une flamme, les adorateurs du diable apparurent. Un sourire d'accueil éclairait sombrement chaque visage.

— Voici, reprit la noire silhouette, tous ceux que vous vénérez depuis votre enfance. Vous les croyiez plus saints que vous-mêmes et frémissiez devant vos péchés, faisant des comparaisons avec leur vie vouée à la vertu, à la prière et à l'aspiration au paradis. Pourtant les voilà tous ici à l'assemblée de mes adorateurs. Cette nuit, il vous sera donné de connaître leurs actions secrètes – les anciens de l'église à la barbe chenue, chuchotant des propos licencieux dans le creux de l'oreille des jeunes servantes de leur maison ; les femmes, nombreuses, trépignant d'impatience de porter le deuil, servant à leur mari certaine boisson à l'heure du coucher et le laissant, sur leur sein, dormir de leur dernier sommeil ; les jeunes imberbes précipitant l'héritage de la fortune familiale ; les gentes demoiselles – ne rougissez point, belles jeunes filles – creusant de petites tombes dans leur jardin et m'invitant, seul, à assister à l'enterrement d'un nouveau-né. Grâce à l'affinité de vos cœurs humains avec le péché, vous pourrez flairer tous les lieux – églises, chambres à coucher, rues, champs ou forêts – où le crime a été perpétré et vous exulterez de voir que la terre entière n'est que souillure, qu'une énorme tache de sang.

---

14. **household** : *maisonnée, personnes demeurant dans la même maison.*

15. **eager for** : *ardemment désireux de.*

16. **(widow's) weeds** : *vêtements de deuil/de veuve.*

17. **made haste to inherit** : (m. à m.) *se sont dépêchés d'hériter* ; **inherit a house** : *hériter (d')une maison.*

18. **wealth** : *richesse(s)* ; **wealthy** : *fortuné.*

19. **blush** : 1. *rougir* ; 2. *avoir honte* ; 3. (n.) *rougeur* ; **with a blush** : *en rougissant* ; **without a blush** : *sans rougir.*

20. **bid, bade ou bid, bidden ou bid** : 1. (archaïque) *inviter* (à faire qch) ; 2. *ordonner, enjoindre* (de faire qch).

21. **sole** : *seul et unique* ; **solely** : *uniquement.*

22. **infant** : *petit enfant* (au berceau), *bébé, nouveau-né.*

23. **scent out** : *flairer, pressentir, deviner.*

24. **whether in church or...** : *que ce soit à l'église ou...* ; **I'll go out whether it rains or (whether it) snows** : *je sortirai, qu'il pleuve ou qu'il neige.*

25. **mighty** : *grand, considérable, imposant.*

Far more than this! It shall be yours to penetrate, in every bosom, the deep mystery of sin, the fountain of all wicked arts[1], and which inexhaustibly supplies[2] more evil impulses than human power – than my power at its utmost[3] – can make manifest in deeds. And now, my children, look upon each other.'

They did so[4]; and, by the blaze of the hell-kindled[5] torches, the wretched[6] man beheld his Faith, and the wife her husband[7], trembling before that unhallowed[8] altar.

'Lo, there ye stand[9], my children,' said the figure, in a deep and solemn tone, almost sad with its despairing[10] awfulness[11], as if his once angelic nature could yet mourn for our miserable race. 'Depending upon one another's hearts, ye had still hoped that virtue were not all a dream. Now are ye undeceived[12]. Evil is the nature of mankind. Evil must be your only happiness. Welcome again, my children, to the communion of your race.'

'Welcome,' repeated the fiend worshippers, in one cry of despair and triumph.

And there they stood, the only pair, as it seemed, who were yet[13] hesitating on the verge of wickedness[14] in this dark world. A basin was hollowed[15], naturally, in the rock. Did it contain water, reddened by the lurid light? or was it blood? or, perchance[16], a liquid flame? Herein[17] did the shape of evil dip his hand and prepare to lay the mark of baptism upon their foreheads, that they might be partakers[18] of the mystery of sin, more conscious of the secret guilt of others[19], both in deed and thought, than they could now be of their own.

---

1. **wicked** (= **black**) **arts** : *magie noire, sciences occultes*.

2. **supplies** : *fournitures*; **to supply** : *fournir*.

3. **utmost** (n.) : *le plus, le maximum*; **to do one's utmost** : *faire tout son possible*; **to the utmost** : *au plus haut degré/point*.

4. **so** sert à éviter la répétition de **look upon**...

5. **kindle** : *allumer*; **kindling** : *petit bois, bois de chauffage*.

6. **wretched** : *misérable, infortuné, malheureux*.

7. **the wife** (sous-entendu **beheld**) **her husband**.

8. **unhallowed** : *profane, impie*; **hallowed** : *saint, béni, sacré*; 'Hallowed be thy name' : « *Que ton nom soit sanctifié.* »

9. **stand, stood, stood** : *être/se tenir debout*.

10. **despair(ing)** : 1. *désespérer*; 2. (n.) *désespoir*.

11. **awfulness** : **awful** : *imposant, majestueux, redoutable*; **awe** : *crainte respectueuse, effroi mêlé d'admiration*.

Bien plus encore ! Il sera en votre pouvoir de percer dans chaque conscience le profond mystère du péché, de sonder la source de tous les artifices diaboliques qui génèrent à l'infini plus d'impulsions perverses que le pouvoir humain des hommes – que le mien à son apogée ! – n'est capable de traduire en actes. Et, maintenant, mes enfants, regardez-vous les uns les autres.

Ils s'exécutèrent et, sous l'éclat des torches allumées au feu de l'enfer, le malheureux homme aperçut sa chère Faith et l'épouse son mari, tous deux tremblant devant cet autel impie.

— Vous voilà ici, mes enfants ! dit le personnage d'un ton grave et solennel, presque triste dans son épouvantable majesté, comme si sa nature naguère angélique pouvait encore s'affliger sur le sort de notre race infortunée. Vous fiant au cœur l'un de l'autre, vous espériez encore que la vertu n'était pas qu'un rêve. Vous voici détrompés. Le mal est l'essence même de l'humanité. Le mal seul doit être synonyme de votre bonheur. Bienvenue encore, mes enfants, à la table de communion de votre race.

— Bienvenue, répétèrent les adorateurs du démon en un cri unique de désespoir et de triomphe.

Et Faith et Brown se tenaient là, seul couple, semblait-il, à hésiter encore au bord de l'abîme du mal, en ce monde ténébreux. Un bassin naturel était creusé dans le rocher. Contenait-il de l'eau rougie par la lumière sinistre ? Ou était-ce du sang ? Ou, sait-on, du feu liquide ? Le mal incarné y plongea sa main et s'apprêta à apposer le signe du baptême sur leur front afin qu'ils puissent partager le mystère du péché et qu'ils prennent davantage conscience de la culpabilité secrète des autres, en actions et en pensées, que de la leur propre.

---

12. **undeceived** : *désabusé, détrompé* ; **to deceive** : *tromper, induire en erreur* ; **deception** : *tromperie, duperie* ; **disappointment** : *déception* ; **to disappoint** : *décevoir*.

13. **yet** : *encore, jusqu'à présent* ; **there is hope yet** : *il y a encore de l'espoir*.

14. **wickedness** : *méchanceté, perversité*.

15. **hollow** : *creuser* ; **a hollow** : *un creux*.

16. **perchance** (archaïque) = **perhaps, maybe** : *peut-être*.

17. **herein** (= **in this hollow**) : *en/dans ceci* ; (jur.) *ci-inclus*.

18. **partaker** : *celui qui partage, qui a sa part* ; **partake in** : *prendre part à, participer à*.

19. **others**, pronom, est variable ; **other**, adjectif, est invariable : **the others are English** mais **the other boys are English**.

The husband cast one look at his pale wife, and Faith at him[1]. What polluted[2] wretches would the next glance show them to each other, shuddering[3] alike[4] at what they disclosed[5] and what they saw!

'Faith! Faith!' cried the husband, 'look up to heaven, and resist the wicked one[6].'

Whether Faith obeyed he knew not. Hardly had he spoken when[7] he found himself amid calm night and solitude, listening to a roar of the wind which died heavily[8] away through the forest. He staggered[9] against the rock, and felt[10] it chill and damp; while a hanging twig, that had been all on fire, besprinkled his cheek with[11] the coldest dew.

The next morning young Goodman Brown came slowly into the street of Salem village, staring[12] around him like a bewildered[13] man. The good old minister was taking a walk along the graveyard to get an appetite for breakfast and meditate his sermon, and bestowed[14] a blessing, as he passed, on Goodman Brown. He shrank from the venerable saint as if to avoid an anathema. Old Deacon Gookin was at domestic[15] worship, and the holy words of his prayer were heard through the open window. 'What God doth[16] the wizard pray to?' quoth Goodman Brown. Goody Cloyse, that excellent old Christian, stood in the early sunshine at her own lattice[17], catechizing a little girl who had brought her a pint of morning's milk. Goodman Brown snatched[18] away the child as from the grasp of the fiend himself.

---

1. **and Faith (cast one look) at him** : *cf.* note 7, p. 92.

2. **to pollute** 1. (ici) *contaminer, corrompre*; 2. *polluer*; **the polluters pay** : *les pollueurs sont les payeurs.*

3. **shudder** : *trembler de crainte, d'horreur*; **shudder at**.

4. **alike** (adv.) : *également, de la même manière*; **be alike** (adj.) : *se ressembler, être semblable.*

5. **disclose** = reveal, unveil : *découvrir, laisser voir.*

6. <u>resist</u> **the wicked one** : pas de préposition !

7. **hardly** <u>had he</u> **spoken when** : **hardly, never, not only,** placés en début de phrase, entraînent la construction interrogative (notez ici l'emploi de **when**).

8. **heavily** formé de **heavy** : (ici) *fort, gros, important* (d'où, « rugissements du vent »); **heavy rain** : *grosse pluie.*

9. **stagger(ed)** : *chanceler, tituber*; **he staggered to the door** : *il est allé à la porte d'un pas chancelant.*

94

L'époux jeta un coup d'œil sur sa pâle épouse et Faith le lui rendit. Quels scélérats corrompus le prochain regard échangé leur montrerait l'un à l'autre, tremblants autant tous les deux d'horreur devant ce qu'ils révéleraient et devant ce qu'ils découvriraient !

— Faith ! Faith ! s'écria l'époux, lève les yeux au ciel et résiste au Malin.

Faith obéit-elle, il n'en sut rien. À peine avait-il parlé qu'il se trouva dans la nuit calme et la solitude, prêtant l'oreille aux rugissements du vent violent, qui se perdirent dans la forêt. Chancelant, il s'appuya contre le rocher et le sentit glacé et humide, tandis qu'une petite branche suspendue, qui avait été tout en feu, aspergea sa joue de la plus fraîche rosée.

Le lendemain matin, maître Brown entra d'un pas lent dans la rue du village de Salem, regardant autour de lui, l'œil fixe, tel un homme égaré. Le bon vieux pasteur faisait sa promenade le long du cimetière pour aiguiser son appétit avant le petit déjeuner et méditer son sermon et, en passant, il donna sa bénédiction à maître Brown. Celui-ci recula devant le vénérable saint, comme pour éviter l'anathème. Le vieux diacre Gookin faisait ses dévotions en famille et les saintes paroles de sa prière s'entendaient par la fenêtre ouverte. « Quel Dieu le sorcier peut-il prier ? » se demanda maître Brown. La vieille Goody Cloyse, l'excellente chrétienne, se tenait à sa fenêtre treillissée aux premiers rayons du soleil, enseignant le catéchisme à une petite fille qui lui avait apporté une pinte de lait du matin. Maître Brown arracha l'enfant à son emprise, comme s'il se fût agi du diable en personne.

---

10. **feel, felt, felt** : *sentir, ressentir.*

11. **besprinkle... with** ou **sprinkle with** : *asperger de.*

12. **to stare at** : *regarder fixement en ouvrant de grands yeux* (ébahis, effarés, effrayés, curieux...)

13. **bewilder** : *égarer, désorienter, déconcerter.*

14. **bestow (a favour...) on** : *accorder (une faveur...) à.*

15. **domestic** : 1. *domestique, ménager, qui se rapporte au ménage, à la famille* : **domestic bliss** : *les joies de la (vie de) famille* ; 2. (écon.) *domestique, interne, intérieur, national* : **domestic trade** : *commerce intérieur* ; **domestic flight** : *vol sur les lignes intérieures.*

16. **doth** (archaïque) = **does**.

17. **lattice** : *treillis* ; **lattice window** : *fenêtre treillissée.*

18. **snatch** : *enlever d'un geste vif, saisir.*

Turning the corner by the meeting-house, he spied[1] the head of Faith, with the pink ribbons, gazing anxiously[2] forth, and bursting[3] into such joy at sight[4] of him that she skipped[5] along the street and almost kissed her husband before the whole village. But Goodman Brown looked sternly and sadly into her face, and passed on without a greeting[6].

Had Goodman Brown fallen asleep[7] in the forest and only dreamed a wild dream of a witch-meeting[8]?

Be it so[9] if you will; but, alas! it was a dream of evil omen[10] for young Goodman Brown. A stern, a sad, a darkly meditative, a distrustful[11], if not a desperate man did he become from the night of that fearful dream. On the Sabbath day, when the congregation were[12] singing a holy psalm, he could not listen because an anthem[13] of sin rushed loudly upon his ear[14] and drowned all the blessed strain[15]. When the minister spoke from the pulpit with power and fervid eloquence, and, with his hand on the open Bible, of the sacred truths of our religion, and of saint-like lives and triumphant deaths, and of future bliss or misery unutterable, then did Goodman Brown turn pale[16], dreading lest the roof should thunder down[17] upon the gray blasphemer and his hearers. Often, waking suddenly at midnight, he shrank from the bosom of Faith; and at morning or eventide, when the family knelt down at prayer, he scowled and muttered to himself, and gazed sternly[18] at his wife, and turned away.

---

1. **to spy** : (vieux français *espier*, aujourd'hui *épier*) *apercevoir*.

2. **anxiously** : 1. *anxieusement* ; 2. *impatiemment*.

3. **burst, burst, burst** : *éclater* ; **burst into tears** : *éclater en sanglots* ; **burst out laughing** : *éclater de rire*.

4. **sight** : *vue* ; **know sb by sight** : *connaître qn de vue* ; **love at first sight** : *coup de foudre*.

5. **skip** : *sauter, bondir* ; **skipping rope** : *corde à sauter*.

6. **greeting** : *salut, salutation* ; **to greet** : *saluer*.

7. **asleep** : *endormi* ; **fall asleep** : *s'endormir* ; **be fast** ou **sound asleep** : *dormir d'un sommeil* (**sleep**) *profond, être profondément endormi*.

8. **witch-meeting** : (m. à m.) *réunion de sorcières*.

9. **(let it) be so (the case)** : expression de l'hypothèse (équivalent du subjonctif français).

10. **omen** : *présage, augure* ; **ominous** : *de mauvais augure*.

96

Tournant au coin, près du temple, il vit la tête de Faith ornée de rubans roses, qui regardait devant elle, impatiente, et éclata d'une telle joie en le voyant qu'elle se mit à courir, bondissante, le long de la rue, et faillit l'embrasser devant tout le village. Mais maître Brown posa sur son visage un regard sévère et triste et poursuivit son chemin sans la saluer.

Maître Brown s'était-il endormi dans la forêt et avait-il seulement fait un rêve délirant de sabbat de sorcières ?

Qu'il en soit ainsi, si vous voulez. Mais hélas ! ce fut un rêve de mauvais augure pour le jeune maître Brown. Il devint un homme rigide, sombre, pensif, méfiant, sinon désespéré, à partir de la nuit où il fit ce terrible rêve. Le dimanche, pendant que les fidèles chantaient un psaume sacré, il était incapable d'écouter car une antienne diabolique célébrant le péché agressait son oreille, étouffant tous les accents de la sainte mélodie. Quand, du haut de la chaire, de sa voix puissante, avec une éloquence passionnée, la main posée sur la Bible ouverte, le pasteur parlait des vérités sacrées de notre religion, de vies dignes des saints et de morts triomphales, de la félicité future ou de souffrances indicibles, alors maître Brown devenait livide, redoutant que le toit ne s'effondre dans un grondement de tonnerre sur le blasphémateur aux cheveux gris et sur son auditoire. Souvent, se réveillant en sursaut à minuit, il s'écartait du sein de Faith et, le matin ou le soir, lorsque la famille s'agenouillait pour prier, il fronçait les sourcils, marmonnait à part soi, adressait à sa femme un regard dur et se détournait.

---

11. **distrustful** = **suspicious** : *méfiant* ; comme **in**, **un**, très courants, **dis** sert à former des contraires.

12. **congregation** were… : **congregation** désigne plusieurs personnes (*les fidèles*), d'où le pluriel.

13. **anthem** : 1. *motet* (chant d'église à plusieurs voix) ; 2. **national anthem** : *hymne national*.

14. **rushed loudly upon his ear** : (m. à m.) *se précipitait bruyamment sur son oreille.*

15. **strain** : *accents, accords, chant.*

16. **turn pale** = **become pale** : *pâlir.*

17. **thunder down** : traduction de la particule (**down**) par le verbe (« *s'effondre* ») et du verbe (**to thunder**) par la manière dont s'accomplit l'action. (« *dans un grondement de tonnerre* », **thunder**).

18. **sternly** : *sévèrement, d'un air dur.*

And when he had lived long, and was borne[1] to his grave a hoary corpse[2], followed by Faith, an aged[3] woman, and children and grandchildren, a goodly procession, besides[4] neighbors not a few[5], they carved no hopeful verse upon his tombstone, for his dying[6] hour was gloom[7].

---

1. **bear, bore, borne** : *porter, transporter*; **be born** (sans e !) : *naître*; **where were you born?** : *où êtes-vous né ?*
2. **corpse = dead body** : *cadavre*.
3. **aged** : *âgé, vieux*; **the aged** : *les personnes âgées*; **a boy aged ten** : *un garçon (âgé) de dix ans*.
4. **besides** : *en plus de, en dehors de*; **there were four of us besides Peter** : *nous étions quatre sans compter Pierre*.
5. **not a few** est un euphémisme (*cf.* la traduction).
6. **dying** (**to die** : *mourir*) : **till** ou **until** ou **to my dying day** : *jusqu'à mon dernier jour*.
7. **gloom** : *mélancolie, tristesse, humeur sombre*; **it was all gloom and doom** : *tout allait mal*; **it's not all gloom and doom!** : *il reste une lueur d'espoir !*

Et quand il eut vécu longtemps et qu'on le porta à sa tombe, cadavre blanchi par les ans, suivi de Faith, devenue une vieille femme, de ses enfants, de ses petits-enfants, formant un imposant cortège, auquel s'ajoutaient des voisins, nombreux, on ne grava nul poème porteur d'espérance sur sa pierre tombale, car son heure dernière fut très sombre.

Thomas Hardy

Thomas Hardy est né près de Dorchester en 1840. Son père était artisan maçon. Il se prépare au métier d'architecte et l'exerce, peu de temps il est vrai, puis l'abandonne pour les lettres, en 1867. Il écrit d'abord des vers (*The Dynasts*) puis des romans ou nouvelles. Ses œuvres les plus connues sont, entre autres, *Tess of the D'Urbervilles* (porté à l'écran), *Jude the Obscure*, *The Mayor of Casterbridge* et *Wessex Tales*, recueil dans lequel se trouve *The Withered Arm*. Comme dans la majorité de ses grands romans, Thomas Hardy situe l'action dans le Dorsetshire, auquel il a gardé le vieux nom saxon de « Wessex ». Il dépeint le cadre éternel des collines et des landes, la campagne austère et fraîche du Dorsetshire de son enfance, il évoque avec précision les paysages et la vie de la terre. Le monde rural, paysan se débat au milieu d'une nature (superbement dépeinte) hostile ou indifférente à la dure destinée de l'homme. L'univers de l'auteur lui a valu la formule souvent employée de « Hardy, le romancier du tragique ». La nouvelle choisie ne démentira pas cette appellation. L'auteur n'écrivait-il pas : « le bonheur n'est qu'un accident épisodique dans le drame général de la douleur » ?

Thomas Hardy est mort en 1928 dans son « Wessex » natal.

The Withered Arm

Le Bras atrophié

1. A Lorn[1] Milkmaid

It was an eighty-cow[2] dairy, and the troop of milkers, regular and supernumerary, were all at work; for, though the time of the year was as yet but early[3] April, the feed[4] lay entirely in water-meadows, and the cows were 'in full pail'. The hour was about six in the evening, and three fourths of the large, red, rectangular animals having been finished off, there was opportunity[5] for a little conversation

'He do bring home his bride to-morrow, I hear[6]. They've come as far as Anglebury to-day.'

The voice seemed to proceed from the belly of the cow called Cherry[7], but the speaker was a milking-woman, whose face was buried[8] in the flank of that motionless[9] beast.

'Hav' anybody seen her?' said another.

There was a negative response[10] from the first. 'Though they[11] say she's a rosy-cheeked[12], tisty-tosty little body[13] enough,' she added; and as the milkmaid spoke she turned her face so that she could glance past her cow's tail to the other side of the barton, where a thin, fading[14] woman of thirty milked somewhat apart from the rest.

'Years younger than he, they say,' continued the second, with also a glance of reflectiveness in the same direction.

'How old do you call him, then?'

'Thirty or so[15].'

---

1. **lorn** ou **forlorn** (plus courant).

2. **eighty-cow** joue le rôle d'un adj. (d'où pas de **s** à **cow**).

3. **early** : (adj.) *premier, du début*.

4. **the feed** : *la nourriture* (animale), à distinguer de **food** : *nourriture* au sens général ; **to feed, fed, fed** : *nourrir, donner à manger à*.

5. **opportunity** : *occasion, possibilité*.

6. **hear, heard, heard** (ici) : *entendre dire, apprendre*.

7. **cherry** : *cerise* ; **cherry plum** : *mirabelle*.

8. **buried** : **to bury** : *enterrer, enfouir* ; **burial** : *enterrement*.

1. La laitière abandonnée

C'était une laiterie de quatre-vingts vaches et l'équipe des trayeurs, permanents et suppléants, était tout entière au travail car, bien que ce ne fût encore que le début d'avril, la nourriture des animaux se trouvait en totalité dans les prairies humides et les vaches donnaient à pleins seaux. Il était environ six heures du soir et les trois quarts des bêtes, imposantes, rousses, aux formes anguleuses, étant traites, l'occasion se présenta de bavarder un peu.

— Il ramène sa jeune mariée chez lui demain, j'ai entendu dire. Ils sont arrivés à Anglebury aujourd'hui.

La voix semblait sortir du ventre de la vache nommée Cherry, mais celle qui parlait était une trayeuse dont le visage était enfoui dans le flanc de la bête immobile.

— Est-ce que quelqu'un l'a vue ? demanda une autre.

Il y eut une réponse négative de la première.

— Mais on dit qu'elle a les joues roses et que c'est une belle petite, bien potelée, ajouta-t-elle ; et tandis qu'elle parlait, la trayeuse tourna le visage de manière à pouvoir jeter, par-delà la queue de sa vache, un coup d'œil sur l'autre bout de la cour de ferme où une femme de trente ans, maigre, au visage flétri, trayait un peu à l'écart des autres.

— Des années plus jeune que lui, qu'on raconte, poursuivit la seconde, tout en jetant également un coup d'œil songeur dans la même direction.

— Quel âge vous lui donnez, alors ?

— Aux alentours de trente ans.

---

9. **motionless** : (m. à m.) *sans mouvement* (**motion**).

10. **response** a aussi très souvent le sens de *réaction*.

11. **they** : notez ici le sens général de *on*.

12. **rosy-cheeked** : (adj. composé) *aux joues roses* ; de même **white-hair__ed__, long-ear__ed__, blue-ey__ed__, black-coat__ed__**...

13. **body** : (ici) *personne, individu* ; **a pleasant little body**, *une gentille petite dame*.

14. **to fade** : *se faner, se flétrir, dépérir* (plante).

15. **thirty or so** ou **about thirty** ou **in the region of thirty**.

'More like forty,' broke in[1] an old milkman near, in a long white pinafore or 'wropper[2]', and with the brim of his hat tied down so that he looked like[3] a woman. 'A[4] was born before our Great Weir was built, and I hadn't man's wages when I laved water there.'

The discussion waxed[5] so warm that the purr of the milk-streams became jerky[6], till a voice from another cow's belly cried with authority, 'Now then, what the Turk[7] do it matter to us about Farmer Lodge's age, or Farmer Lodge's new mis'ess! I shall have to pay him nine pound a year[8] for the rent of every one of these milchers[9], whatever his age or hers. Get on with your work, or 'twill be dark before we have done[10]. The evening is pinking in a'ready.' This speaker was the dairyman himself, by whom the milkmaids and men were employed.

Nothing more was said publicly about Farmer Lodge's wedding, but the first woman murmured under her cow to her next neighbour, ''Tis hard for *she*,' signifying the thin, worn milkmaid aforesaid [11].

'O no,' said the second. 'He hasn't spoke to Rhoda Brook for years.'

When the milking[12] was done they washed their pails[13] and hung them on a many-forked stand made of the peeled[14] limb[15] of an oak-tree, set upright in the earth, and resembling a colossal antlered[16] horn. The majority then dispersed in various directions homeward[17]. The thin woman who had not spoken was joined by a boy of twelve or thereabout, and the twain[18] went away up the field also.

---

1. **broke in** : la particule adverbiale **in** change le sens du verbe **break, broke, broken** : *casser*.

2. **wropper** : *devantier* (tablier que portaient les femmes du peuple).

3. **look like sb** mais **resemble sb**.

4. **A** pour **he**, **builded** pour **built** (parler populaire).

5. **wax** + adj. : *devenir*; **he waxed lyrical about that actor** : *il est devenu lyrique à ptopos de cet acteur*.

6. **jerky** : **jerk** : *saccade, secousse*.

7. **what the Turk...!** : (aujourd'hui) **what the hell...!**

8. **a year** ou **per year** : *par an, chaque année*.

9. **milcher(s)** : déformation de **milker**; **this cow is a good milker** : *cette vache est une bonne laitière*.

10. notez ce sens de **done** qu'on retrouve plus bas : « **When the milking was done** »; **over and done with** : *fini et bien fini*.

— Plutôt quarante, intervint un vieux laitier qui se tenait à proximité, vêtu d'un long tablier blanc ou « devantier », et dont les bords du chapeau étaient rabattus, ce qui le faisait ressembler à une femme. Il est né avant que notre Grand Barrage il soit construit et je touchais pas encore des gages d'homme que j'y prenais de l'eau.

La discussion s'anima au point que le chuintement des jets de lait se fit saccadé, jusqu'au moment où une voix émanant du ventre d'une autre vache se fit entendre, forte et autoritaire :

— Allons ! que diable nous importent l'âge du fermier Lodge ou le fait qu'il ait une nouvelle femme ? Je devrai toujours lui verser neuf livres par an pour le louage de chacune de ces vaches laitières, quel que soit leur âge à l'un ou à l'autre ! Continuez à travailler ou il va faire nuit avant que nous ayons terminé. Le ciel commence déjà à rougir.

L'homme qui parlait ainsi était le marchand de lait en personne, par qui les hommes et les femmes étaient employés.

Rien d'autre ne fut prononcé en public sur le mariage du fermier Lodge, mais la première femme murmura, par-dessous le ventre de sa vache, à sa voisine la plus proche :

— C'est dur pour *elle*, signifiant par là la trayeuse maigre et usée, mentionnée plus haut.

— Oh ! non, fit la seconde. Il ne parle plus à Rhoda Brook depuis des années.

Quand la traite fut terminée, ils lavèrent leur seau et le suspendirent à un râtelier à plusieurs supports, généralement fait d'une branche de chêne dépouillée de son écorce, plantée droit dans le sol, pareille à un colossal bois de cerf. Puis la plupart d'entre eux se dispersèrent et prirent différentes directions pour rentrer chez eux. La femme maigre qui n'avait pas dit un mot fut rejointe par un garçon de douze ans environ et tous les deux s'éloignèrent aussi, remontant le champ.

---

11. **aforesaid = aforementioned = aforenamed** : *susdit*.

12. **milking** : l'*action de traire* (gérondif ou n. verbal).

13. **their pails** : pluriel car chaque trayeur en a un ; mais **John and his wife came in their car** (ensemble dans une seule et même voiture).

14. **peeled** : (m. à m.) *pelé, épluché*.

15. **limb** : (m. à m.) *membre* (du corps).

16. **antlered** : **the antlers**, *les bois*, *la ramure* (du cerf) ; **a fine set of antlers** : *une belle ramure*.

17. **homeward(s)** : *vers la maison* ; **townward(s)** : *vers la ville* ; de même **upward(s), downward(s)**...

18. **the twain** (archaïque) : **the two, both, both of them**.

Their course lay apart from that of the others, to a lonely spot high above the water-meads[1], and not far from the border of Egdon Heath[2], whose dark countenance was visible in the distance as they drew nigh[3] to their home.

'They've just been saying down in barton that your father brings his young wife home[4] from Anglebury tomorrow,' the woman observed. 'I shall want to send you for a few things to market, and you'll be pretty[5] sure to meet 'em.'

'Yes, mother,' said the boy. 'Is Father married, then?'

'Yes... You can give her a look, and tell me what she's like, if you do see her.'

'Yes, mother.'

'If she's dark or fair, and if she's tall – as tall as I[6]. And if she seems like a woman who has ever worked for a living[7], or one that has been always well off[8], and has never done anything, and shows marks of the lady on her, as I expect she do.'

'Yes.'

They crept[9] up the hill in the twilight, and entered the cottage[10]. It was thatched, and built of mud-walls[11], the surface of which[12] had been washed by many rains into channels[13] and depressions that left none of the original flat face visible; while here and there a rafter showed[14] like a bone protruding[15] through the skin.

She was kneeling down[16] in the chimney-corner, before two pieces of turf laid together with the heather inwards[17], blowing at the red-hot ashes with her breath[18] till the turfs flamed.

---

1. water-mead, water-meadow : *prairie souvent inondée, noue.*
2. heath : 1. *lande* (espace) ; 2. (plante) *bruyère* (aussi **heather**).
3. nigh (littéraire) = near, *près (de)* ; well nigh : *presque.*
4. brings... home : sans préposition ; come home, go home.
5. pretty : (adv.) *à peu près, pratiquement* ; (adj.) *joli.*
6. as tall as I (am) ou as tall as me.
7. living : earn ou make a living : *gagner sa vie* ; what do you do for a living ? *que faites-vous dans la vie ?*
8. well off (le plus souvent avec un trait d'union) : *dans l'aisance, à l'aise, riche* ; the less well-off : *ceux qui ont de petits moyens.*
9. creep, crept, crept : *ramper* (d'où *lentement* dans la traduction).
10. entered the cottage : pas de préposition avec enter !

Leur itinéraire, différent de celui des autres, menait à un endroit isolé qui dominait les prairies humides, non loin des limites d'Egdon Heath, dont le sombre profil se dessinait dans le lointain à mesure qu'ils approchaient de leur habitation.

— Ils viennent de dire dans la cour de la ferme que ton père va ramener sa jeune épouse chez lui demain, d'Anglebury, observa la femme. J'aurai besoin de t'envoyer au marché pour acheter quelques provisions. Tu seras à peu près sûr de les rencontrer.

— Oui, Maman, dit le garçon. Papa est marié alors ?

— Oui... Tu la regarderas et tu me diras comment elle est, si tu la vois.

— Oui, Maman.

— Si elle est brune ou blonde et si elle est grande... aussi grande que moi. Et si elle a l'air d'une femme qui a déjà travaillé pour gagner sa vie ou de quelqu'un qui a toujours été à l'aise, qui n'a jamais rien fait et qui porte sur elle les signes que c'est une grande dame, comme je m'y attends.

— Oui.

Ils gravirent lentement la colline au crépuscule et entrèrent dans la chaumière. Celle-ci était faite de murs en torchis dont la surface, lavée par de nombreuses pluies, était creusée et ravinée, ce qui rendait invisible toute trace de leur aspect plat d'origine, tandis qu'ici et là dans le chaume, au-dessus, un chevron se voyait, pareil à un os saillant à travers la peau.

La mère était agenouillée au coin de la cheminée devant deux mottes de tourbe dont les faces portant de la bruyère étaient tournées l'une vers l'autre, soufflant, jusqu'à ce que celles-ci prennent feu, sur les braises toutes rouges.

---

11. **mud-wall** : **mud** : *boue* ; **muddy** : *boueux*.

12. **the surface of which** ou (de nos jours) **whose surface**.

13. **channel** (ici) : *rigole* ; aussi : *lit de rivière, chenal, bras de mer* ; **The (English) Channel** : *la Manche*.

14. **show, showed, shown** : *montrer* ; (ici) *se voir, être visible*.

15. **protruding** : *qui avance, en saillie* ; (yeux) *globuleux*.

16. **kneeling** : la position du corps est le plus souvent exprimée par la forme en –ing ; **standing, sitting**... ; **kneel (knelt, knelt) down** : *s'agenouiller*.

17. **inwards** : (m. à m.) *vers l'intérieur*.

18. **breath** : *souffle, haleine, respiration* ; **out of breath** : *hors d'haleine* ; **to breathe** : *respirer*.

The radiance lit[1] her pale cheek, and made[2] her dark eyes, that had once been handsome, seem handsome anew[3]. 'Yes,' she resumed[4], 'see if she is dark or fair; and if you can, notice[5] if her hands be white; if not, see if they look as though[6] she had ever done housework[7], or are milker's hands like mine.'

The boy again promised, inattentively[8] this time, his mother not observing that he was cutting a notch with his pocket-knife in the beech-backed[9] chair.

2. THE YOUNG WIFE

The road from Anglebury to Holmstoke is in general level; but there is one place where a sharp ascent breaks its monotony. Farmers homeward-bound[10] from the former[11] market-town[12], who trot all the rest of the way, walk[13] their horses up this short incline.

The next[14] evening, while the sun was yet bright[15], a handsome new gig, with a lemon-coloured body and red wheels, was spinning[16] westward along the level highway at the heels[17] of a powerful mare. The driver was a yeoman[18] in the prime of life, cleanly[19] shaven like an actor, his face being toned to that bluish[20]-vermilion hue which so often graces a thriving[21] farmer's features when returning home after successful dealings in the town. Beside[22] him sat a woman, many years his junior – almost, indeed, a girl. Her face too was fresh in colour, but it was of a totally different quality – soft and evanescent, like the light under a heap of rose-petals.

---

1. **light, lighted** ou **lit, lighted** ou **lit** ; **light** : *lumière*.

2. **made... seem** : **make** est suivi de l'infinitif sans **to** ; **he makes me work hard** : *il me fait travailler dur*.

3. **anew** (archaïque) = **again** : *de nouveau*.

4. **to resume** : *reprendre* (activité) ; **resuming school** : *la reprise de l'école, la rentrée scolaire*.

5. **notice** : *remarquer, faire attention à*.

6. **as though** ou **as if**.

7. **housework** : à ne pas confondre avec **homework**, *devoirs de l'écolier* (faits *à la maison*, **at home**)

8. <u>in</u>attentively : **in, un, dis**, préfixes qui servent à créer des antonymes ou contraires : **unhappy**, *malheureux* ; **dissatisfied**, *insatisfait*.

9. **beech-backed** : adj. composé avec **ed** (*cf*. p. 105, note 12).

10. **bound (for)** : *en route pour* ; **ship bound for Africa** : *navire en partance pour l'Afrique*.

11. **former** : *ancien, d'autrefois* ; **in a former life** : *au cours d'une vie antérieure*.

La flamme illumina sa joue pâle et redonna à ses yeux noirs, qui avaient été beaux, leur beauté d'autrefois.

— Oui, reprit-elle, regarde si elle est brune ou blonde et essaie de voir, si tu peux, si ses mains sont blanches. Sinon, observe-les, vois si on dirait qu'elles ont jamais fait des travaux de ménage ou si ce sont des mains de trayeuse comme les miennes.

De nouveau le garçon promit de s'exécuter, mais distraitement, cette fois ; sa mère ne s'aperçut pas qu'il taillait une encoche dans la chaise au dossier de hêtre, à l'aide de son canif.

2. La jeune épousée

La route d'Angleby à Holmstoke est plate en sa majeure partie, mais il y a un endroit où une pente raide en rompt la monotonie. Les fermiers qui rentrent chez eux, venant de l'ancien bourg, et font aller au trot leur cheval tout le reste du chemin, le mettent au pas pour monter ce court raidillon.

Le lendemain soir, alors que le soleil brillait encore, un beau cabriolet neuf, avec sa caisse couleur jaune citron et ses roues rouges, filait vers l'ouest le long de la grand-route plate, tiré par une puissante jument. Le cocher était un riche propriétaire fermier dans la force de l'âge, rasé de près comme un acteur ; les traits de son visage étaient adoucis par cette teinte d'un vermillon tirant sur le violet, qui relève si souvent ceux de l'agriculteur florissant lorsqu'il s'en retourne à la maison après avoir conclu de bonnes affaires à la ville. À son côté était assise une femme de plusieurs années sa cadette – presque une jeunesse, en vérité. Son visage à elle aussi avait de belles couleurs, mais d'une nature totalement différente – délicates, évanescentes, comme une lumière sous un lit de pétales de rose.

---

12. **market-town** : *ville où se tient un marché, bourg.*
13. **walk** + c.o.d. : **walk a dog** : *promener un chien.*
14. **next** : *prochain, suivant* ; **the next morning**, *le lendemain matin* (notez la façon de le dire en anglais).
15. **the sun was yet** (ou **still**) **bright**.
16. **spin** (**spun** ou **span**, **spun**) : **go spinning along** : *rouler à toute vitesse.*
17. **heel** : *talon* ; **come** ou **follow upon the heels of** : *marcher sur les talons de, suivre de près.*
18. **yeoman** : *fermier propriétaire, propriétaire exploitant.*
19. **cleanly** : *de façon bien nette, propre.*
20. **bluish** : (m. à m.) *bleuâtre.*
21. **to thrive**, **throve** ou **thrived**, **thrived** ou **thriven** : *prospérer, réussir.*
22. **beside**, **near**, **next to** : *à côté de, près de.*

Few people travelled this way[1], for it was not a turnpike-road; and the long white ribbon of gravel that stretched before them was empty, save of [2] one small scarce-moving[3] speck, which presently[4] resolved itself into the figure[5] of a boy, who was creeping on at a snail's pace, and continually looking behind him – the heavy bundle he carried[6] being some excuse for, if not the reason of, his dilatoriness[7]. When the bouncing gig-party[8] slowed at the bottom of the incline before mentioned, the pedestrian was only a few yards[9] in front.

Supporting[10] the large bundle by putting[11] one hand on his hip, he turned[12] and looked straight at the farmer's wife as though[13] he would read her through and through, pacing along abreast of the horse.

The low sun was full[14] in her face, rendering every feature, shade, and – contour distinct, from the curve of her little nostril to the colour of her eyes. The farmer, though he seemed annoyed at[15] the boy's persistent presence, did not order him to get out of the way; and thus[16] the lad preceded them, his hard gaze[17] never leaving her, till they reached the top of the ascent, when the farmer trotted on with relief[18] in his lineaments[19] – having taken no outward[20] notice of the boy whatever.

'How that poor lad stared at[21] me!' said the young wife.

'Yes, dear, I saw that he did.'

'He is one of the village, I suppose?'

'One of the neighborhood[22]. I think he lives with his mother a mile[23] or two off.

---

1. **this way** : *par ici*; **that way** : *par là*.

2. **save of, except for** : *excepté, à l'exception de*.

3. **scarce-moving** : **which scarcely** (ou **hardly**, *à peine*) **moved**.

4. **presently** : (faux ami) *peu de temps après*.

5. **figure** : (faux ami) *silhouette*; **face** : *figure, visage*.

6. **the heavy bundle (which) he carried** : suppression fréquente du relatif complément.

7. **dilatoriness** : **dilatory** : *lent*; **they were very dilatory about it** : *ils ont fait traîner les choses en longueur*.

8. **bouncing gig-party** évoque la carriole cahotante mais aussi le couple plein d'entrain ; **a beautiful bouncing baby** : *un beau bébé qui respire la santé*.

9. **yard** : *91, 44 cm*.

10. **support** : 1. *supporter, soutenir*; 2. *aider financièement*; 3. *encourager* (sportif, candidat...).

112

Peu de gens empruntaient ce chemin, car ce n'était pas une route principale, et le long ruban de gravillon blanc qui s'étendait devant eux était désert à l'exception d'un petit point à peine animé qui bientôt prit la forme d'un garçon avançant péniblement à la vitesse d'un escargot, regardant sans cesse derrière lui ; le lourd balluchon qu'il portait était une espèce de justification de sa lenteur même s'il n'en était pas la cause.

Lorsque le fringant équipage ralentit au bas de la côte mentionnée plus haut, le piéton se trouvait seulement à quelques mètres devant. Soutenant son gros balluchon en posant une main sur sa hanche, il se retourna et regarda droit dans les yeux la femme du fermier comme s'il eût voulu déchiffrer chacune de ses pensées, tout en marchant à la hauteur du cheval.

Le soleil, alors bas, donnait en plein sur le visage de la femme, détachant distinctement chacun de ses traits, les ombres et les contours, depuis la courbe de sa petite narine jusqu'à la couleur de ses yeux. Le fermier, bien qu'apparemment agacé par la présence persistante du garçon, ne lui intima pas l'ordre de se retirer ; ainsi donc, le gamin les précéda, son regard dur toujours rivé sur la femme jusqu'à ce qu'ils atteignissent le sommet de la côte, moment où le fermier (qui n'avait pas prêté la moindre attention apparente au garçon), ses traits trahissant le soulagement, remit au trot son cheval.

— Comme ce pauvre garçon me dévisageait ! dit la jeune épouse.
— Oui, chérie. Je l'ai vu.
— Il est du village, je suppose ?
— C'est un des voisins. Je crois qu'il habite avec sa mère, à deux ou trois kilomètres d'ici.

---

11. **by putting** : by + verbe en –ing exprime le moyen, la méthode ; **he succeeded by working hard**, *il a réussi en travaillant dur*.
12. **he turned** : sans pronom réfléchi en anglais.
13. **as though** ou **as if** : *comme si*.
14. **full** est ici adverbe (**fully** : *en plein, complètement*).
15. **annoyed at** : remarquez la préposition.
16. **thus, consequently, therefore** : *par conséquent/en conséquence*.
17. **gaze** : *regard fixe, regard appuyé* ; **to gaze at sb**, *regarder qn fixement*.
18. **relief** : **to relieve** : *soulager*.
19. **lineaments** : (plus courant) **features** : *traits du visage*.
20. **outward** : *extérieur, apparent* ; **inward** : *intérieur*.
21. **stare at** : *regarder fixement en ouvrant de grands yeux*.
22. **neighbourhood** : *voisinage* ; **neighbour** : *voisin(e)*.
23. **mile** = *1,609 km* (en gros **5 miles** = *8 km*).

'He knows who we are, no doubt[1]?'

'Oh yes. You must expect to be stared at just at first[2], my Pretty Gertrude.'

'I do –though I think the poor boy may have looked at us in the hope that we might relieve him of his heavy load, rather than from curiosity[3].'

'Oh no,' said her husband, off-handedly. 'These country lads will[4] carry a hundred-weight once they get it on their backs; besides[5], his pack had more size[6] than weight[7] in it. Now, then, another mile and I shall be able to show[8] you our house in the distance – if it is not too dark before we get there.' The wheels spun round, and particles flew[9] from their periphery as before, till a white house of ample dimensions revealed itself, with farm-buildings and ricks[10] at the back.

Meanwhile the boy had quickened[11] his pace[12], and turning up a by-lane some mile and a half short of[13] the white farmstead, ascended toward the leaner pastures[14], and so on to the cottage[15] of his mother.

She had reached home after her day's milking[16] at the outlying dairy, and was washing cabbage at the doorway in the declining light. 'Hold up the net a moment' she said, without preface, as the boy came up[17].

He flung[18] down his bundle, held the edge of the cabbage-net, and as she filled its meshes[19] with the dripping leaves she went on: 'Well, did you see her?'

'Yes; quite plain[20].'

'Is she ladylike[21]?'

1. **no doubt** ou **undoubtedly**.
2. **at first** : *at the beginning*.
3. **from curiosity** ou **out of curiosity**.
4. **will** indique ici que c'est dans la nature de ces jeunes gars d'agir ainsi ; **boys will be boys!** : *les garçons sont comme ça !*
5. **besides, moreover, in addition** : *en outre, de plus*.
6. **size** : *dimension, grandeur, grosseur* ; **sizeable** : *assez grand, assez gros, assez important*.
7. **weight** mais **to weigh** (sans **t** !) : *peser*.
8. **able to show** ou **capable of showing**.
9. **flew** : **to fly, flew, flown** : *voler* (oiseau, avion...).
10. **rick(s)** = **hayrick, haystack** : *meule de foin*.
11. **quicken** : *accélérer, presser* ; **quick** : *rapide*.
12. **pace** : *pas, allure, rythme* ; **step** : *pas* (mouvement).
13. **short of** : **he fell down ten meters short of the winning post** : *il est tombé à dix mètres du poteau d'arrivée*.

— Il sait qui nous sommes, bien sûr ?

— Oh! oui. Tu dois t'attendre à ce qu'on t'observe, juste au début, ma jolie Gertrude.

— Je m'y attends..., mais je pense que le pauvre garçon nous a peut-être regardés dans l'espoir que nous le soulagions de son lourd fardeau, plutôt que par curiosité.

— Oh! non, fit le mari, l'air dégagé. Ces gars de la campagne te portent un quintal, une fois qu'ils l'ont sur le dos. Et puis, son balluchon était plus volumineux que lourd. Bon, encore un peu plus d'un kilomètre et je vais pouvoir te montrer notre maison dans le lointain... s'il ne fait pas trop noir avant que nous arrivions.

Les roues du cabriolet tournaient rondement et des particules de poussière volaient tout autour comme auparavant, jusqu'à ce qu'une maison blanche aux proportions considérables apparût, avec des bâtiments agricoles et des meules à l'arrière.

Entre-temps, le garçon avait hâté le pas et, tournant dans un petit sentier à quelque deux kilomètres avant la ferme blanche, il monta en direction des pâturages maigres et poursuivit ainsi sa route jusqu'à la chaumière de sa mère.

Celle-ci était rentrée chez elle après sa journée de traite à la laiterie, éloignée de là, et elle était en train de laver des choux sur le pas de sa porte, dans le jour qui déclinait.

— Tiens-moi le filet un instant, dit-elle sans préambule quand l'enfant s'approcha.

Celui-ci jeta à terre son balluchon, tint les bords du filet et, tandis que sa mère remplissait celui-ci de feuilles trempées, elle poursuivit :

— Alors, tu l'as vue ?

— Oui. Très bien.

— Est-ce qu'elle a des airs de grande dame ?

---

14. **the leaner pastures** : le comparatif indique ici qu'il y a deux sortes de pâturages ; **my right hand is the stronger one** : *ma main droite est la plus forte (des deux)*.

15. **on to the cottage** : **on** indique l'idée de continuation ; **carry on working** : *continuez à travailler*.

16. **her day's milking** : le génitif s'emploie pour exprimer une durée ou une distance (**a mile's walk**).

17. **up** indique ici l'idée d'« *arriver jusqu'à* » et non pas l'idée de *monter*.

18. **fling**, **flung**, **flung** : *lancer vivement* ou *violemment*.

19. **mesh** : *maille* ; les noms en **s**, **x**, **z**, **ch**, **sh** forment leur pluriel en **es** ; **a box** ; **two boxes**.

20. **plain** (*clair, évident*) est employé ici comme adverbe (**plainly** : *clairement, distinctement*).

21. **ladylike** : *bien élevé, distingué, comme il faut*.

'Yes; and more. A lady complete.'

'Well, she's growed up[1], and her ways are quite a woman's[2].'

'Her hair is lightish[3], and her face as comely as a live doll's.'

'Her eyes, then, are not dark like mine?'

'No – of a bluish turn; and her mouth is very nice and red, and when she smiles her teeth show white.

'Is she tall?' said the woman, sharply.

'I couldn't see. She was sitting down.'

'Then do you go[4] to Holmstoke Church tomorrow morning: she's sure to be there. Go early and notice her walking in, and come home and tell me[5] if she's taller than I.'

'Very well, mother. But why don't you go and see for yourself?'

'*I* go to see her[6]! I wouldn't look up at her if she were[7] to pass my window this instant. She was with Mr. Lodge, of course? What did he say or do?'

'Just the same as usual.'

'Took no notice of you?'

'None.'

Next day the mother put a clean shirt on the boy and started him off for Holmstoke Church. He reached the ancient[8] little pile[9], when the door was just being opened[10], and he was the first to enter. Taking his seat[11] by the front, he watched all the parishioners file in[12].

---

1. **growed up** pour **grown up** ; **grow, grew, grown** : *pousser, croître, grandir*.

2. **a woman's** (**ways**) : cet effacement de **ways** permet d'éviter la répétition ; **this is Peter's book not John's**.

3. **lightish** : **ish** ajouté à l'adjectif (souvent de couleur) exprime l'idée d'approximation : **bluish**, *bleuâtre*, **white, whitish**, *blanchâtre*... (notez que le **e** de **blue** ou de **white** a disparu).

4. **do you go** : forme d'insistance archaïque ou emphatique ; on dirait aujourd'hui **do go!** Autre ex. : **do tell me** : *dites-le-moi, je vous en prie*.

5. **come home and tell me** : *rentre me le dire* ; **come and see me** : *venez me voir* (notez cet emploi de **and** entre deux verbes ; plus bas : « **why don't you go and see for yourself** »).

6. *I* **go to see her!** : l'emploi des italiques est fréquent pour marquer l'insistance.

— Oui et plus encore. C'est une parfaite grande dame.
— Elle est jeune ?
— Enfin, c'est une adulte et elle a toutes les manières d'une femme.
— Bien sûr. Quelle est la couleur de ses cheveux ? Comment est son visage ?
— Elle a des cheveux assez clairs et un beau visage comme celui d'une poupée vivante.
— Ses yeux ne sont donc pas noirs comme les miens ?
— Non... ils sont plutôt bleus et elle a de très jolies lèvres rouges. Et quand elle sourit, on voit ses dents blanches.
— Elle est grande ? demanda la femme d'un ton sec.
— Je n'ai pas pu voir. Elle était assise.
— Alors il va falloir que tu ailles à l'église de Holmstoke demain matin. Elle y sera sûrement. Pars de bonne heure et regarde-la entrer et reviens me dire si elle est plus grande que moi.
— Très bien, Maman. Mais pourquoi est-ce que tu ne vas pas voir toi-même ?
— Moi ! Aller la voir ! Je ne poserai pas un regard sur elle si elle venait à passer devant ma fenêtre, là maintenant. Elle était avec M. Lodge, bien sûr. Qu'est-ce qu'il a dit ? Qu'est-ce qu'il a fait ?
— Exactement comme d'habitude.
— Il ne s'est pas intéressé à toi ?
— Absolument pas.

Le lendemain, la mère mit une chemise propre à son fils et l'envoya à l'église de Holmstoke. Il arriva au petit édifice très ancien juste au moment où on ouvrait les portes et il fut le premier à y pénétrer. Prenant place près des fonts baptismaux, il vit entrer toute la file des paroissiens.

---

7. **were** est le subjonctif dans le cas présent ; **if I were you**, *si j'étais à votre place*.

8. **ancient Rome** : *la Rome antique* ; **it's ancient history!** : *c'est de l'histoire ancienne !*

9. **pile** : (mot rare dans ce sens) *édifice, bâtiment* ; **pile, heap** : *tas*.

10. **the door was just being opened** : forme passive employée à la forme progressive ou continue. **Look! a house is being built here just now.** *Regardez ! on construit une maison ici en ce moment même* (forme progressive de l'auxiliaire **be** + participe passé d'un verbe).

11. **seat** : *siège* ; **seating accommodation** ou **seating capacity** : *nombre de places assises* (dans un bus...).

12. Notez que c'est la postposition **in** qui indique le mouvement (*entrer*), le verbe **file** indiquant la manière.

The well-to-do[1] Farmer Lodge came nearly last; and his young wife, who accompanied him, walked up the aisle with the shyness[2] natural to a modest woman who had appeared thus[3] for the first time. As all other[4] eyes were fixed upon her, the youth's stare was not noticed now.

When he reached home his mother said 'Well?' before he had entered the room.

'She is not tall. She is rather short,' he replied[5].

'Ah!' said his mother, with satisfaction.

'But she's very pretty – very. In fact, she's lovely.' The youthful[6] freshness of the yeoman's wife had evidently[7] made an impression even on the somewhat hard nature of the boy.

'That's all I want[8] to hear,' said his mother, quickly. 'Now spread[9] the tablecloth. The hare you wired[10] is very tender; but mind[11] that nobody catches you. You've never[12] told me what sort of hands she had.'

'I have never seen 'em. She never took off[13] her gloves.'

'What did she wear this morning?'

'A white bonnet and a silver-colored gownd[14]. It whewed[15] and whistled[16] so loud when it rubbed against the pews[17] that the lady colored up[18] more than ever for very[19] shame at the noise, and pulled it in to keep it from touching[20]; but when she pushed into her seat it whewed more than ever.

---

1. **well-to-do, well-off** (déjà rencontré = **rich**).
2. **shyness** : *timidité* ; **shy, bashful,** *timide* ; **coy** : *timide, effarouché* (ou feignant de l'être) ; **timid** : *timide, timoré, craintif.*
3. **thus** = **like this, in this manner, in this way** : *ainsi.*
4. bien distinguer **other** adj., donc invariable, et **other** pronom, donc variable. **The other boys are English** mais **The other_s_ are English.**
5. **replied** ou **answered** ; **a reply, an answer,** *une réponse.*
6. **youthful** : *juvénile, de jeunesse* (**youth**) ; notez la chute d'un l dans ces adjectifs formés avec **full** (*plein*) ; **joyful**...
7. **evidently = obviously** : adv. formés par addition du suffixe **–ly** à l'adj. (**evident, obvious** : *évident*).
8. **all I want** ou **all _that_ I want** (mais pas **what** !).
9. **spread, spread, spread** : *étendre, étaler.*
10. **the hare (which) you wired** : suppression courante des relatifs compléments **which** et **whom** ; **to wire** : *prendre au moyen d'un lacet métallique* ; **wire** : *fil métallique.*

Le riche fermier Lodge arriva presque le dernier et sa jeune épouse, qui l'accompagnait, monta l'allée centrale, l'air timide, naturel chez une femme modeste qui apparaissait ainsi pour la première fois. Comme les regards de tous les autres étaient rivés sur elle, celui du jeune garçon passa inaperçu cette fois.

Quand il arriva à la maison, sa mère lui dit « Alors ? » avant même qu'il fût entré dans la pièce.

— Elle n'est pas grande. Elle est plutôt petite, répondit-il.

— Ah ! fit la mère avec satisfaction.

— Mais elle est très jolie... très. Elle est magnifique, en fait.

La jeunesse et la fraîcheur de la femme du fermier avaient, de toute évidence, fait impression même sur la nature quelque peu fruste de l'enfant.

— C'est tout ce que je veux savoir, dit la mère rapidement. Bon, mets la nappe. Le lièvre que tu as attrapé au lacet hier est très tendre, mais attention de ne pas te faire prendre... Tu ne m'as toujours pas dit comment sont ses mains.

— Je ne les ai pas vues du tout. Elle n'a jamais enlevé ses gants.

— Qu'est-ce qu'elle portait ce matin ?

— Un chapeau blanc et une robe couleur argent. Sa robe faisait un tel remue-ménage, un tel frou-frou en frôlant les bancs que la dame s'est mise à rougir de honte de plus belle devant ce bruit et qu'elle la ramenait contre elle pour l'empêcher de frotter. Mais quand elle s'est enfoncée sur son siège, la robe a fait plus de chahut que jamais.

---

11. **mind** : *faire attention à* ; **mind the step** : *attention à la marche*.

12. **never** a ici le sens emphatique de **not at all** : *pas du tout*. **I never said a word** : *je n'ai pas pipé mot*.

13. **take off** : *enlever, ôter* (vêtement) ; **put on** : *mettre* (vêtement).

14. **gownd** : déformation de **gown** : 1. *robe* ; 2. *toge*.

15. **whew** : *s'agiter, remuer, bouffer* (en faisant du bruit).

16. **whistle** : *siffler*.

17. **pew** : *banc* (d'église).

18. **colour up** : **blush**, **become red in the face**, *rougir*.

19. **very** (français « verai » puis « vrai » : **true**, **real**) renforce la notion de honte éprouvée par Gertrude Lodge.

20. **keep it from touching** ou **prevent it from touching**.

Mr. Lodge, he seemed pleased[1], and his waistcoat stuck out[2], and his great golden seals[3] hung like a lord's[4]; but she seemed to wish her noisy gownd anywhere but[5] on her.'

'Not she! However, that will do[6] now.'

These descriptions of the newly-married couple were continued from time to time[7] by the boy at his mother's request, after any chance[8] encounter he had had with them. But Rhoda Brook, though she might easily have seen young Mrs. Lodge[9] for herself by walking a couple of miles, would never attempt[10] an excursion toward the quarter where the farmhouse lay[11]. Neither did she[12] at the daily milking in the dairyman's yard on Lodge's outlying second farm ever speak on the subject of the recent marriage. The dairyman, who rented the cows of Lodge, and knew perfectly the tall milkmaid's history[13], with manly[14] kindliness always kept the gossip in the cow-barton from annoying Rhoda. But the atmosphere thereabout[15] was full of the subject during the first days of Mrs. Lodge's arrival; and from her boy's description and the casual[16] words of the other milkers Rhoda Brook could raise[17] a mental image of the unconscious Mrs. Lodge that was realistic as a photograph.

---

1. **pleased** = happy, glad, contented; **pleased with** onself : *content de soi*.

2. **stick** (**stuck, stuck**) **out** : *dépasser, faire saillie* ; **out**, particule adverbiale qui change ici totalement le sens du verbe **stick** (*coller*).

3. **seal** : (m. à m.) *sceau* (cachet officiel où sont gravés en creux les effigies, les armes, les devises...)

4. **lord's** (**seal**) : cas possessif incomplet qui permet d'éviter la répétition d'un mot déjà employé.

5. **but, except, with the exception of** : *sauf, excepté*.

6. **do** : *be sufficient* ; notez ce sens de « **do** » ici.

7. **from time to time** : *now and then, now and again*.

8. **chance** (adj.) : *de hasard, accidentel* ; **chance** : (n.) *hasard*. **I met him by chance** : *je l'ai rencontré par hasard*.

9. **young Mrs. Lodge** : pas d'article avec les appellations familières (**old Brown** : *le vieux Brown*, **little John**) et les titres et les noms de métiers : **President Obama, Queen Elizabeth, conjurer Trendle** (*cf.* titre du chapitre 5).

M. Lodge, lui, il avait l'air satisfait. Il bombait le torse sous son gilet, ses grosses médailles d'or pendaient comme celles d'un lord. Mais Mme Lodge, elle, on aurait dit qu'elle aurait préféré voir cette robe bruyante n'importe où ailleurs que sur elle.

— Oh que non ! Mais ça suffit pour le moment.

Ces descriptions des nouveaux mariés furent poursuivies de temps en temps par le garçon, sur la demande de sa mère, chaque fois qu'il les avait rencontrés par hasard.

Mais Rhoda Brook, bien qu'elle eût facilement pu voir elle-même la jeune Mme Lodge en faisant quelque trois kilomètres de marche, n'essayait jamais de s'aventurer dans les alentours de la ferme. Et dans la seconde exploitation de Lodge, plus éloignée, elle ne parlait pas davantage de l'histoire du récent mariage, lors de la traite journalière dans la cour de ferme du marchand de lait. Celui-ci, qui louait les vaches à Lodge et qui était parfaitement au courant du passé de la grande fille de laiterie veillait toujours, avec une gentillesse empreinte de fermeté, à ce que Rhoda Brook ne fût pas tourmentée par les commérages dans la cour. Mais la question était toujours dans l'air pendant les premiers jours qui suivirent l'arrivée de Mme Lodge et, à partir de la description de son fils et des mots dits en passant par les autres employés, Rhoda Brook put se faire une image aussi précise qu'une photographie de la nouvelle épouse, laquelle ignorait tout.

---

10. **attempt** = **try** ; **an attempt** : *une tentative, un essai*.

11. **lay** : ne pas confondre **lie, lay, lain** (*être situé, être allongé*) et **lay, laid, laid** (*poser qch à plat*).

12. **neither did she... speak** : notez la construction avec **neither**, équivalent de *non plus*. **He does not speak Russian, neither do I** : *il ne parle pas russe, moi non plus*.

13. **history** : *histoire, passé, antécédents* ; **the accused had a history of violent behaviour** : *l'accusé était déjà connu pour avoir commis des actes de violence* ; **medical history** : *passé médical*.

14. **manly** : *viril, mâle* ; **manliness** : *virilité*.

15. **thereabout** ou **thereabouts** : *par là*.

16. **casual** : *accidentel, fortuit, fait par hasard*.

17. **raise** : *faire surgir, faire apparaître*.

3. A VISION

One night[1], two or three weeks after the bridal[2] return, when the boy was gone to bed[3], Rhoda sat a long time over the turf-ashes that she had raked out in front of her to extinguish them. She contemplated so intently[4] the new wife, as presented to her in her mind's eye[5] over the embers, that she forgot the lapse of time[6]. At last, wearied[7] with her day's work, she, too retired.

But the figure which had occupied her so much during this and the previous days was not to be banished at night. For the first time Gertrude Lodge visited the supplanted woman in her dreams. Rhoda Brook dreamed[8] – since her assertion that she really saw, before falling asleep[9], was not to be believed – that the young wife, in the pale silk dress and white bonnet, but with features shockingly distorted, and wrinkled[10] as by age[11], was sitting[12] upon her chest as she lay. The pressure of Mrs. Lodge's person grew[13] heavier[14]; the blue eyes peered[15] cruelly into her face; and then the figure thrust[16] forward its left hand mockingly, so as to[17] make the wedding-ring it wore glitter in Rhoda's eyes. Maddened[18] mentally, and nearly suffocated by pressure, the sleeper struggled; the incubus[19], still regarding[20] her, withdrew to the foot of the bed, only, however, to come forward[21] by degrees[22], resume her seat, and flash[23] her left hand as before.

---

1. **one night** : *one* et non pas *a* dans le sens de « *un(e) certain(e)...* » ; **he'll come back one day** : *il reviendra un jour.*

2. **bridal** vient de **bride** (*future*) *mariée* ; **bridal gown** : *robe de mariée* ; **bridal veil** : *voile de mariée.*

3. **go(ne) to bed** : *aller se coucher* ; **go to sleep** : *s'endormir.*

4. **intently** formé à partir de **intent** (*absorbed, concentrated*) ; **be intent on one's work** : *être absorbé par son travail.*

5. **mind's eye** : (m. à m.) *l'œil de l'esprit.*

6. **the lapse of time** : **the passage of time** ; **after a lapse of six weeks** : *au bout de six semaines.*

7. **wearied** : **to weary** : *fatiguer, lasser* ; **wearied by sth** : *las de qch* ; **wearily** : *d'un air las, avec lassitude.*

8. **to dream** est aussi un verbe irrégulier : **dream, dreamt, dreamt** ; **a bad dream** : *un mauvais rêve, un cauchemar* ; **sweet dreams !** : *fais de beaux rêves !*

9. **asleep** : *endormi* ; **be fast asleep, be sound asleep** : *dormir profondément* ou *d'un sommeil profond.*

10. **wrinkled** ; **wrinkle, line** : *ride.*

11. **age** : (ici) *vieillesse* ; **the infirmities of age** : *les infirmités de la vieillesse/de l'âge* (**old age**).

122

3. Une vision

Un soir, deux ou trois semaines après le retour des mariés, alors que son enfant était allé se coucher, Rhoda resta longtemps assise, penchée au-dessus des braises de tourbe qu'elle avait ramenées devant elle pour les éteindre. Elle contemplait avec une si grande intensité la nouvelle épousée, telle que son imagination la lui représentait au-dessus des cendres, qu'elle en oublia le passage du temps. Enfin, épuisée par sa journée de travail, elle se retira, elle aussi.

Mais la silhouette qui l'avait tant poursuivie ce jour-là et les précédents ne devait pas la quitter de la nuit. Pour la première fois dans ses rêves, Gertrude Lodge rendit visite à la femme évincée. Rhoda Brook rêva (puisque son assertion selon laquelle, avant de s'endormir, elle l'avait vue en réalité, ne saurait être digne de foi) que la jeune mariée à la robe de soie claire et au chapeau blanc, mais avec les traits du visage affreusement déformés et ridés comme par les ans, était assise sur sa poitrine tandis qu'elle-même était allongée. La pression du corps de Mme Lodge se fit plus forte ; ses yeux bleus pleins de cruauté scrutèrent son visage impitoyablement ; puis la silhouette, l'air moqueur, avança brusquement la main gauche de manière à faire briller aux yeux de Rhoda l'alliance qu'elle portait. Affolée mentalement et à demi étouffée sous le poids du corps, la dormeuse se débattit ; l'intruse, l'œil toujours rivé sur Rhoda, se retira au pied du lit, mais seulement pour revenir peu à peu reprendre sa place, se rasseoir et brandir sa main gauche comme elle l'avait fait auparavant.

---

12. **sitting, standing** (*debout*), **kneeling** (*agenouillé*), **leaning** (*penché*)... : les positions du corps s'expriment avec verbe en –**ing** (*cf.* note 16 p. 109).

13. **grow, grew, grown** + adj. = *devenir* (**become**).

14. **heavier** : (m. à m.) *plus lourd(e)* ; le **y** de **heavy** devient **i** au comparatif et au superlatif (**the heaviest**).

15. **peer at sb** : *regarder qn d'un air interrogateur/dubitatif/inquiet* ; **peer into the night** : *chercher à percer les mystères de la nuit*.

16. **thrust, thrust, thrust** : *pousser soudainement/fortement*.

17. **so as to** + verbe, ou **in order to** + verbe : *afin de, de manière à*.

18. **madden** : *rendre fou* (**mad**) ; **maddened by pain** : *fou de douleur* ; **maddening** : *exaspérant*.

19. **incubus** : *incube* (démon masculin censé abuser d'une femme pendant son sommeil).

20. **regard** : *regarder, observer, examiner*.

21. **forward** : *vers l'avant* ; **rush forward** : *se précipiter en avant*.

22. **by degrees** = **gradually**.

23. **flash** : *faire étinceler, faire briller, brandir* (qch de lumineux).

Gasping[1] for breath, Rhoda, in a last desperate effort, swung[2] out her right hand, seized the confronting spectre[3] by its obtrusive[4] left arm, and whirled[5] it backward to the floor, starting up[6] herself, as she did so, with a low cry.

'Oh, merciful[7] Heaven[8]!' she cried, sitting on the edge of the bed in a cold sweat[9], 'that was not a dream – she was here!'

She could feel her antagonist's arm within her grasp[10] even now – the very[11] flesh and bone of it, as it seemed. She looked on the floor whither[12] she had whirled the spectre, but there was nothing to be seen.

Rhoda Brook slept no more[13] that night, and when she went milking at the next dawn they noticed how pale and haggard she looked. The milk that she drew quivered[14] into the pail; her hand had not calmed even yet, and still retained the feel of the arm. She came home to breakfast as wearily[15] as if it had been supper-time.

'What was that noise in your chimmer[16], mother, last night?' said her son. 'You fell off the bed, surely?'

'Did you hear anything fall[17]? At what time?'

'Just when the clock struck two.'

She could not explain, and when the meal was done went silently about her household work, the boy assisting her, for he hated going afield on the farms, and she indulged[18] his reluctance[19]. Between eleven and twelve the garden gate clicked, and she lifted her eyes[20] to the window. At the bottom of the garden, within the gate, stood the woman of her vision.

---

1. **gasp** : *haleter, ouvrir la bouche pour reprendre son souffle* (**breath**) ; **one's last gasp** : *son dernier soupir.*

2. **swing, swung, swung** : 1. *balancer, déplacer d'un côté et de l'autre*; 2. *brandir.*

3. **spectre**, **ghost**, **phantom** : *fantôme.*

4. **obtrusive** : *envahissant, qui s'impose.*

5. **whirl** : *faire tourbillonner, faire tournoyer.*

6. **start up** : **jump up suddenly** : *se lever brusquement.*

7. **merciful** : **full** of mercy (*miséricorde*).

8. **heaven** : *paradis* (**paradise**) ; = **sky** : *ciel* (que l'on voit).

9. **sweat** : *sueur*; **to sweat**, **to perspire** : *transpirer.*

10. **grasp** : *prise, poigne*; **to grasp** : *saisir, empoigner.*

11. **very** sert à insister : **you are the very person I wanted to see** : *c'est justement vous que je voulais voir.*

12. **whither** : *où, le lieu vers lequel, vers quel lieu.*

Haletante, Rhoda, dans un dernier effort désespéré, porta brusquement la main droite en avant, saisit par son importun bras gauche le spectre qui l'affrontait et l'envoya rouler à la renverse sur le plancher, tout en se redressant et en lâchant un cri sourd.

— Oh, bonté divine ! s'écria-t-elle, assise au bord du lit, couverte d'une sueur froide, ce n'était pas un rêve... elle était bien là !

Maintenant encore, elle sentait le bras de son adversaire qui la serrait – le contact même de la chair, des os, lui semblait-il. Elle posa le regard sur le sol, à l'endroit où elle avait précipité le spectre, mais elle ne vit rien.

Rhoda Brook ne dormit plus cette nuit-là, et quand elle alla traire le lendemain matin à l'aube, les autres remarquèrent combien elle avait l'air pâle et la mine défaite. Le lait qu'elle tirait tombait par saccades dans le seau : sa main, tremblante encore, était toujours sensible au contact du bras. Elle rentra prendre son petit déjeuner, aussi exténuée que s'il se fût agi de l'heure du souper.

— Qu'est-ce que c'était que ce bruit dans ta chambre, la nuit dernière, Maman ? lui demanda son fils. Tu es tombée de ton lit sûrement ?

— Tu as entendu quelque chose tomber ? À quelle heure ?

— Juste au moment où l'horloge a sonné deux heures.

Elle ne put donner d'explications et, quand le repas fut terminé, elle s'occupa du ménage sans mot dire, avec l'aide de son fils, car celui-ci détestait aller travailler aux champs pour les fermiers et elle fermait les yeux sur sa réticence. Entre onze heures et midi, la porte du jardin s'ouvrit avec un déclic et Rhoda leva les yeux vers la fenêtre. Au fond du jardin, en deçà du portillon, se tenait la femme qui lui était apparue au cours de son rêve.

---

13. **slept no more** : *did not sleep any more (any longer)*.

14. **quiver** : *trembler, trembloter*.

15. **wearily** : *d'un air las* (**weary**).

16. **chimmer** : déformation de **chamber** (**bedroom**) ; **chamber concert** : *concert de musique de chambre*.

17. **did you hear anything fall?** : verbe de perception **hear, see, feel** suivis du verbe sans **to** si l'action (**fall**) est brève. Si elle dure, on emploie le participe présent : **I heard you playing the clarinet**.

18. **indulge** : *céder à* ; **he indulges her every whim** : *il lui passe tous ses caprices, il cède à tous ses caprices*.

19. **reluctance** : *répugnance* (à faire qch) ; **reluctant to do sth** : *réticent à faire qch* ; **reluctantly** : *à contrecœur*.

20. **she lifted her eyes** ou **she looked up**.

125

Rhoda seemed transfixed[1].

'Ah, she said she would come!' exclaimed the boy, also observing her.

'Said so[2] – when? How does she know us?'

'I have seen and spoken to her. I talked to her yesterday.'

'I told you,' said the mother, flushing[3] indignantly, 'never to speak[4] to anybody in that house, or go near the place.'

'I did not speak to her till[5] she spoke to me. And I did not go near the place. I met her in the road.'

'What did you tell her?'

'Nothing. She said: 'Are you the poor boy who had to bring the heavy load[6] from market? And she looked at my boots, and said they would not keep my feet dry if it came on wet[7], because they were so cracked. I told her I lived with my mother, and we had enough to do to keep ourselves[8], and that's how it was[9]; and she said then: 'I'll come and bring[10] you some better boots, and see your mother.' She gives away[11] things to other folks[12] in the meads besides us.'

Mrs. Lodge was by this time close to the door not in her silk, as Rhoda had seen her in the bedchamber, but in a morning[13] hat, and gown of common[14] light material, which became[15] her better than silk. On her arm she carried a basket.

The impression remaining[16] from the night's experience was still strong. Rhoda Brook had almost expected to see the wrinkles, the scorn[17], and the cruelty on her visitor's face. She would have escaped an interview[18] had escape[19] been possible.

---

1. **transfixed** = paralysed, petrified.

2. **so** sert souvent à éviter la répétition d'un membre de phrase (ici « she would come »).

3. **flush** : becoming red in the face, blushing (*cf.* note 18, p. 119).

4. **never to speak** : notez l'ordre des mots dans l'infinitif négatif ('**To be or not to be**').

5. **till** mais **until** : prépositions et conjonctions (ici) de temps : *jusqu'à (ce que)* ; **goodbye till tomorrow** : *au revoir, à demain* (**till** préposition).

6. **load** : *charge, chargement, gros poids* ; **to load** : *charger* ; **she was loaded (down) with shopping** : *elle pliait sous le poids de ses achats*.

7. **the weather is wet, it is wet** : *le temps est pluvieux, il pleut* ; **in** wet weather, *par temps humide ou pluvieux*.

8. **to keep ourselves** = **to keep body and soul** (*âme*) **together** ; **keep** : (ici) *subvenir aux besoins de*.

126

Rhoda sembla pétrifiée.

— Ah ! elle a dit qu'elle viendrait ! s'exclama le garçon qui l'observait aussi.

— Elle a dit ça... quand ? Comment est-ce qu'elle nous connaît ?

— Je l'ai vue et je lui ai parlé. Je lui ai parlé hier.

— Je t'ai dit, fit la mère, rouge d'indignation, de ne jamais parler à personne de cette maison ni de t'en approcher.

— Je ne lui ai pas parlé tant qu'elle ne s'est pas adressée à moi. Et je ne me suis pas approché de la maison. Je l'ai rencontrée sur la route.

— Qu'est-ce que tu lui as raconté ?

— Rien. Elle a demandé : « Es-tu le pauvre garçon qui a dû rapporter le lourd balluchon du marché ? » Et elle a regardé mes chaussures et elle a dit qu'elles ne me tiendraient pas les pieds au sec s'il se mettait à pleuvoir. Je lui ai dit que je vivais avec ma mère et qu'on avait assez à faire à joindre les deux bouts et voilà comment ça s'est passé. Et alors elle a dit : « Je viendrai t'apporter de meilleures chaussures et je verrai ta mère. » Elle distribue des choses à d'autres gens que nous à la campagne.

Entre-temps, Mme Lodge était arrivée près de la porte, non pas vêtue de sa robe de soie comme l'avait rêvé Rhoda dans sa chambre, mais d'un chapeau de tous les jours et d'une robe ordinaire de tissu léger, ce qui lui convenait mieux que la soie. Elle portait un panier au bras.

L'impression que Rhoda Brook retenait de la nuit demeurait forte. Elle s'était presque attendue à voir les rides, l'expression de dédain et la cruauté qu'elle avait lues sur le visage de la visiteuse. Elle se serait dérobée à l'entrevue si cela avait été possible.

---

9. **that's how it was** ou **that's the way** (*manière, façon*) **it was**.
10. **I'll come and bring** (*cf.* plus haut cet emploi de **and**).
11. **give away** (**as a present**, *comme cadeau*, **free of charge**, **for nothing**, *gratis*).
12. **folks = people** ; **good folk(s)** : *de braves gens*.
13. **morning dress** en opposition à **evening dress** (*robe du soir, tenue de soirée*).
14. **common** : *moyen, ordinaire*.
15. **become, became, become** : (ici) *convenir à* ; **becoming** : *seyant, qui va bien* (vêtements...).
16. **to remain** : *rester*.
17. **scorn** (= **disdain, contempt**) : *dédain*.
18. **escaped an interview** : sans préposition !
19. **had escape been possible** ou **if escape had been possible**.

There was, however, no back door to the cottage[1], and in an instant the boy had lifted the latch to Mrs. Lodge's gentle[2] knock.

'I see I have come to the right[3] house.' said she, glancing at[4] the lad, and smiling. 'But I was not sure till you opened the door.'

The figure and action were those of[5] the phantom; but her voice was so indescribably sweet, her glance so winning[6], her smile so tender, so unlike that of Rhoda's midnight visitant, that the latter[7] could hardly believe the evidence[8] of her senses. She was truly[9] glad that she had not hidden away in sheer[10] aversion, as she had been inclined to do. In her basket Mrs. Lodge brought the pair of boots that she had promised to the boy, and other useful articles.

At these proofs[11] of a kindly feeling toward[12] her and hers, Rhoda's heart reproached her bitterly. This innocent young thing should have her blessing[13] and not her curse[14].

When she left them, a light seemed gone from the dwelling[15]. Two days later she came again to know if the boots fitted[16]; and less than a fortnight after that paid Rhoda another call[17]. On this occasion[18] the boy was absent.

'I walk a good deal[19],' said Mrs. Lodge, 'and your house is the nearest outside our own parish. I hope you are well. You don't look quite well.'

Rhoda said she was well enough[20] and indeed, though the paler of the two, there was more of the strength[21] that endures in her well-defined features and large frame than in the soft-cheeked young woman before her[22].

---

1. Notez l'emploi de **to** : backdoor **to** the cottage, front door **to** the cottage.

2. **gentle** : *léger, modéré, non violent*.

3. **right** : *bon, qui convient* ; **it's just the right size** : *c'est la bonne taille* ; **the right man in the right place** : *l'homme qu'il faut à la place qu'il faut* (**wrong** : *mauvais, qui ne convient pas*).

4. **glancing at** ou **casting a glance** (*coup d'œil*) **at**.

5. **those of** : *ceux/celles de* ; au singulier : **that of**.

6. **winning**, **captivating** : *charmant, adorable* ; **win, won, won** : *gagner*.

7. **the latter** : *le dernier (des deux), le second* ; **the former** : *le premier* (en référence à celui déjà cité).

8. **evidence** : (faux ami, mot singulier) *preuves, témoignage* ; **give evidence** : *témoigner, déposer*.

9. **truly** (adv.) : effacement du e de **true** (*vrai*).

10. **sheer** = **pure, total, utter** ; **by sheer coincidence** : *par pure coïncidence* ; **by sheer accident** : *tout à fait par hasard*.

11. **proofs** : *preuves*, **roofs** (*toits*), **handkerchiefs** (*mouchoirs*) : exceptions à la majorité des noms en –f et –fe qui forment leur pluriel en –ves (**knife**, **kni**v**es**, *couteau/x*).

Mais il n'y avait pas de porte à l'arrière de la chaumière et en un instant l'enfant avait soulevé le loquet dès que Mme Lodge avait frappé discrètement.

— Je vois que je ne me suis pas trompée de maison, dit celle-ci en jetant un coup d'œil à l'enfant et en faisant un sourire. Mais je n'en étais pas sûre tant que vous n'avez pas ouvert la porte.

La silhouette et les façons de faire étaient celles du fantôme, mais la voix était d'une douceur si indescriptible, le regard si engageant, le sourire si doux, si différent de celle qui avait visité Rhoda au milieu de la nuit que cette dernière avait du mal à croire le témoignage de ses yeux. Elle était vraiment heureuse de ne pas s'être cachée par pure aversion, comme elle avait été tentée de le faire. Dans son panier, Mme Lodge avait apporté la paire de chaussures qu'elle avait promise au garçon, ainsi que d'autres affaires utiles.

Devant ces preuves de bonté à son égard et envers son fils, le cœur de Rhoda s'emplit de reproches amers. Cette jeune personne innocente méritait sa bénédiction et non pas sa malédiction. Quand elle les quitta, la lumière semblait avoir déserté la maison. Deux jours plus tard, elle revint pour savoir si les chaussures convenaient et, moins d'une quinzaine après cela, elle rendit une nouvelle visite à Rhoda. Cette fois-là, le garçon était absent.

— Je marche beaucoup, dit Mme Lodge et votre maison est la plus proche, une fois qu'on est sorti de notre commune. J'espère que vous allez bien. Vous n'avez pas très bonne mine.

Rhoda répondit qu'elle n'allait pas mal et, de fait, bien qu'étant la plus pâle des deux, il y avait davantage de cette force inébranlable dans ses traits bien marqués et sa solide charpente que chez la jeune femme aux joues délicates qui se tenait devant elle.

---

12. **toward(s)** : *envers, à l'égard de* ; **my feelings toward(s) him** : *mes sentiments à son égard (envers lui, pour lui).*

13. **to bless** : *bénir* ; **God bless you!** *Dieu vous bénisse !*

14. **to curse** : *maudir.*

15. **to dwell (dwelled** ou **dwelt, dwelled** ou **dwelt)** : *habiter, demeurer.*

16. **to fit** : *convenir, aller* (taille, couleur...).

17. **pay, paid, paid,** *payer* ; **pay a call/a visit** : *rendre visite.*

18. <u>**on**</u> **this occasion** : notez la préposition !

19. **a good deal = a lot.**

20. **well enough** : place de **enough** (après l'adj.).

21. **strength, strong** (*fort*) ; **length, long** (*long/ueur*) ; **breadth, broad** (*large/ur*).

22. **before** : notez les deux sens de **before** : 1. *devant* ; **he spoke before (in front of) a large public** ; 2. **come before six o'clock.**

The conversation became quite confidential as regarded[1] their powers and weaknesses[2]; and when Mrs. Lodge was leaving, Rhoda said: 'I hope you will find this air agree with[3] you, ma'am, and not suffer from[4] the damp[5] of the water-meads.'

The younger one replied that there was not much doubt of it, her general health being usually[6] good. 'Though, now you remind[7] me,' she added, 'I have one little ailment[8] which puzzles me. It is nothing serious[9], but I cannot make it out[10].'

She uncovered her left hand and arm; and their outline confronted Rhoda's gaze as the exact original of the limb she had beheld[11] and seized in her dream. Upon the pink[12] round surface of the arm were faint marks of an unhealthy[13] colour, as if produced by a rough grasp. Rhoda's eyes became riveted on the discolorations; she fancied[14] that she discerned in them the shape of her own four fingers

'How did it happen[15]?' she said, mechanically.

'I cannot tell,' replied Mrs. Lodge, shaking her head. 'One night when I was sound asleep[16], dreaming I was away in some strange[17] place, a pain suddenly shot[18] into my arm there, and was so keen as to awaken me[19]. I must have struck[20] it in the daytime[21], I suppose, though I don't remember doing so[22].' She added, laughing: 'I tell my dear husband that it looks just as if he had flown into a rage[23] and struck me there. Oh, I dare say it will soon disappear.'

'Ha, ha! Yes! On what night did it come?'

Mrs. Lodge considered, and said it would be a fortnight ago on the morrow[24].

---

1. as regard = regarding, concerning : *en ce qui concerne, pour ce qui est de...*

2. weakness : le suffixe **–ness** ajouté à certains adjectifs sert à former des noms abstraits : **weak** (*faible*), **weakness** (*faiblesse*), **gentle** (*doux*), **gentleness** (*douceur*).

3. agree with : (notez ce sens moins connu) *être bon pour, convenir à* (climat, chaleur, aliment...).

4. suffer <u>from</u> : notez la préposition.

5. damp : n. (*humidité*) et adj. (*humide* ; aussi **wet**).

6. usually ou generally speaking, on the whole.

7. remind sb of sth : *rappeler qch à qn.*

8. ailment : *indisposition, petite maladie.*

9. <u>nothing serious</u>, <u>nothing new</u> under the sun : *rien de grave, rien de neuf sous le soleil.*

10. make... out = understand : à nouveau modification du verbe (**make**) par la particule adverbiale (**out**).

11. behold, beheld, beheld (littéraire) : *voir.*

130

La conversation prit un tour tout à fait confidentiel et porta sur leurs points forts et leurs points faibles. Et au moment où Mme Lodge était sur le départ, Rhoda lui dit :

— J'espère que l'air d'ici vous conviendra, madame, et que vous ne souffrirez pas de l'humidité de nos prairies.

La plus jeune répondit qu'il n'y avait pas grand danger, car elle avait une bonne santé dans l'ensemble, « bien que, maintenant que vous m'y faites penser, ajouta-t-elle, je souffre d'une petite chose qui m'intrigue. Ce n'est rien de grave, mais je ne me l'explique pas. »

Elle découvrit sa main et son bras gauches ; leur contour frappa le regard de Rhoda comme étant l'exacte réplique du membre qu'elle avait vu et saisi au cours de son rêve. Sur la surface ronde et rose du bras se trouvaient de légères traces d'une vilaine couleur, comme si elles résultaient d'une forte étreinte. Rhoda avait l'œil rivé sur ces parties décolorées ; elle crut discerner la forme de ses quatre doigts.

— Comment c'est arrivé ? demanda-t-elle machinalement.

— Je suis incapable de le dire, répondit Mme Lodge en secouant la tête. Une nuit, alors que j'étais profondément endormie, que je rêvais que je me trouvais dans quelque lieu inconnu, une douleur a soudain provoqué des élancements à cet endroit, assez forte pour me réveiller. J'ai dû me cogner dans la journée, je suppose, bien que je ne m'en souvienne pas. Je dis à mon cher époux, ajouta-t-elle en riant, qu'on dirait qu'il s'est mis dans une rage folle et qu'il m'a frappée là. Oh, je crois que ça ne va pas tarder à disparaître.

— Ha, ha !... Oui... quelle nuit ça vous est arrivé ?

Mme Lodge réfléchit et dit que cela ferait quinze jours le lendemain.

---

12. **pink** (adj.) : *rose* ; **pink** (n.) : *œillet* (fleur).
13. **unhealthy** : 1. *malsain, insalubre* ; 2. *en mauvaise santé*.
14. **fancied** : **to fancy, to imagine** ; (n.) *imagination, fantaisie*.
15. **happen, occur** : *arriver, survenir, se produire* (événement).
16. **sound asleep** = **fast asleep**.
17. **strange** : **unknown to her** (*inconnu d'elle*).
18. **shoot, shot, shot** : **the pain went shooting up his arm** : *sa douleur au bras le lancinait, son bras l'élançait*.
19. **so** keen **as to** awaken me = keen enough to awaken me.
20. **strike, struck, struck** : *frapper, heurter*.
21. **in the daytime** : *during the day*.
22. **doing so** : **striking it** (répétition évitée par **so**).
23. **fly (flew, flown) into a rage** : **get very angry, furious** ; **anger** : *colère*.
24. **the morrow** : *the next following day*.

'When I awoke[1] I could not remember where I was,' she added, 'till the clock striking two reminded me[2].'

She had named the night and the hour of Rhoda's spectral encounter[3], and Brook felt like a guilty[4] thing[5]. The artless[6] disclosure[7] startled her; she did not reason on the freaks of coincidence; and all the scenery of that ghastly night returned with double vividness[8] to her mind.

'Oh, can it be,' she said to herself, when her visitor had departed, 'that I exercise a malignant power over people against my own will[9]?' She knew that she had been slily[10] called a witch since her fall; but never having understood why that particular stigma had been attached to her, it had passed disregarded[11]. Could this be the explanation, and had such things as this ever happened before?

4. A SUGGESTION

The summer drew on[12], and Rhoda Brook almost dreaded[13] to meet Mrs. Lodge again, notwithstanding[14] that her feeling for the young wife amounted[15] wellnigh to affection. Something in her own individuality seemed to convict Rhoda of crime[16]. Yet a fatality sometimes would direct the steps of the latter to the outskirts[17] of Holmstoke whenever she left her house for any other[18] purpose than her daily work; and hence[19] it happened that their next encounter was out of doors[20].

---

1. awake, awoke ou awaked, awoken ou awaked, *se réveiller*.

2. remind sb of sth : *rappeler qch à qn* ; she reminded him of his mother : *elle lui rappelait sa mère* ; a reminder : *un mémento, un pense-bête*.

3. encounter : *rencontre* (inattendue).

4. guilty vient de guilt (*culpabilité*).

5. thing : *créature* (personne ou animal) ; (you) poor little thing! : *pauvre petit(e)* !

6. artless : *naturel, sans artifice/ruse* (art) ; sens du suffixe –less : joyless, *sans joie, triste* ; childless, *sans enfant*...

7. disclosure : de to disclose : *révéler, divulguer*.

8. vividness : de vivid : *très net, vif* ; in vivid detail : *avec des détails saisissants* ; vividly : *très distinctement*.

9. will, willpower : *volonté* ; he has a strong will : *il a beaucoup de volonté*.

10. slily ou slyly : de sly (adj.) : 1. *rusé, astucieux* ; 2. *sournois* ; (as) sly as a fox : *rusé comme un renard* ; on the sly (n.) : *en cachette, en douce*.

— Quand je me suis réveillée, reprit-elle, j'étais incapable de me souvenir où je me trouvais jusqu'au moment où l'horloge me l'a rappelé quand elle a sonné deux heures du matin.

Gertrude avait mentionné la nuit et l'heure où Rhoda Brook avait rencontré le spectre et celle-ci se sentit coupable. Cette révélation candide la fit sursauter ; elle ne se posa pas de questions sur les caprices du hasard et toute la scène de cette horrible nuit lui revint à l'esprit avec une netteté redoublée.

« Oh, se dit-elle après le départ de Mme Lodge, se peut-il que j'exerce, malgré moi, un pouvoir maléfique sur les gens ? » Elle savait qu'on la traitait sournoisement de sorcière depuis sa disgrâce mais, n'ayant jamais compris pourquoi cette infamie plutôt qu'une autre avait été attachée à sa personne, elle en avait fait peu de cas. Cela pouvait-il être une explication et de pareilles choses s'étaient-elles jamais produites auparavant ?

4. Une suggestion

L'été avançait et Rhoda Brook redoutait presque de rencontrer de nouveau Mme Lodge, en dépit du fait que ses sentiments envers la jeune épouse étaient proches de l'affection. Une part d'elle-même semblait la déclarer coupable d'une faute criminelle. Pourtant la fatalité conduisait parfois ses pas vers les environs de Holmstoke chaque fois qu'elle quittait sa maison avec d'autre but que son travail journalier ; c'est ainsi qu'il arriva que leur rencontre suivante eut lieu à l'extérieur.

---

11. **disregard** : *négliger, faire peu de cas de.*

12. **drew on** : la particule adverbiale modifie ici encore le sens du verbe **draw, drew, drawn** (*tirer*).

13. **dread** : **dreadful** : *affreux, atroce, terrible.*

14. **notwithstanding** : *malgré, en dépit de* ; **notwithstanding that** : *quoique, bien que.*

15. **amount to** : (ici) *équivaloir à* ; **it amounts to the same thing** : *ça revient au même.*

16. **crime** : *crime, infraction, criminalité.*

17. **outskirts** : *périphérie, banlieue, orée, lisière* (d'une forêt).

18. **other... than** : **other** est suivi de **than** (*autre que*) ; **same** est suivi de **as** (*même que*).

19. **hence** : *d'où* ; **hence the name** : *d'où son nom.*

20. **out of doors** ; **indoors** : *à l'intérieur, chez soi* ; **I can't stay indoors forever** : *je ne peux pas rester enfermé tout le temps.*

Rhoda could not avoid the subject which had so mystified her, and after the first few words she stammered[1]: 'I hope your – arm is well again, ma'am?' She had perceived with consternation that Gertrude Lodge carried her left arm stiffly[2].

'No, it is not quite well. Indeed, it is no better at all; it is rather worse[3]. It pains me dreadfully sometimes.'

'Perhaps you had better go[4] to a doctor, ma'am.'

She replied that she had already seen a doctor. Her husband had insisted upon her going[5] to one. But the surgeon[6] had not seemed to understand the afflicted limb at all; he had told her to bathe it in hot water, and she had bathed it, but the treatment had done no good[7].

'Will you let me see it[8]?' said the milkwoman.

Mrs. Lodge pushed up her sleeve and disclosed the place, which was a few inches[9] above the wrist. As soon as Rhoda Brook saw it she could hardly preserve her composure[10]. There was nothing of the nature of a wound, but the arm at that point had a shriveled look, and the outline of the four fingers appeared more distinct than at the former time. Moreover, she fancied that they were imprinted in precisely the relative position of her clutch[11] upon the arm in the trance; the first finger toward Gertrude's wrist, and the fourth toward her elbow[12].

What the impress resembled seemed to have struck Gertrude herself since their last meeting[13].

---

1. **stammer** : *bégayer, balbutier* ; **stammer out a reply** : *répondre en bégayant, en balbutiant* (aussi **stutter**).

2. **stiffly** : *avec raideur* (**stiffness**) ; **stiff** : *raide, rigide*.

3. **worse, the worst** : comparatif et superlatif irrégulier de **bad** ; **good** : **better, the best**.

4. **you had better go** : **had better** et **had rather** suivis de l'infinitif (sans **to**) ; **I had rather go out** : *j'aimerais mieux sortir*.

5. **insisted upon her going** : nom verbal en –**ing** précédé de l'adj. possessif **her** (m. à m. *son fait d'aller*) ; **it's his drinking that made him sick**, *c'est le fait de boire qui l'a rendu malade*.

6. **surgeon** : (aujourd'hui) *chirurgien*.

7. **done no good** : emploi délicat de **do** et **make** : **do a room** (*faire le ménage dans une chambre*) mais **make a bed**.

Rhoda ne put éviter le sujet qui l'avait rendue si perplexe, et après les quelques premiers mots, elle bredouilla :

— J'espère que votre... bras est guéri maintenant, madame ?

Elle avait remarqué avec consternation que Gertrude Lodge tenait son bras gauche avec raideur.

— Non, il n'est pas guéri. En fait, il ne va pas mieux du tout. Il va plutôt plus mal. Il me fait souffrir atrocement parfois.

— Vous feriez peut-être mieux d'aller voir un médecin, madame.

Elle répondit qu'elle en avait déjà vu un. Son mari avait insisté pour qu'elle y aille. Mais le praticien n'avait pas du tout semblé comprendre de quel mal le membre était atteint. Il lui avait dit de le baigner dans de l'eau très chaude, et elle l'avait fait, mais le traitement n'avait donné aucun résultat.

— Vous permettez que j'y jette un coup d'œil ? dit la laitière.

Mme Lodge releva sa manche et découvrit l'endroit, qui se trouvait à quelques centimètres au-dessus du poignet. Dès que Rhoda Brook le vit, elle réussit tout juste à garder son calme. Il n'y avait rien qui ressemblât à une blessure, mais le bras, à ce niveau, paraissait ratatiné et le contour des quatre doigts semblait plus net que la dernière fois. En outre, elle se figura qu'ils étaient imprimés, les uns par rapport aux autres, dans la position exacte de ses propres doigts sur le bras qu'elle avait saisi au cours de sa transe : le premier pointant vers le poignet de Gertrude, le quatrième, vers son coude.

La ressemblance que présentait cette empreinte semblait avoir frappé Gertrude elle-même depuis leur dernière rencontre.

---

8. **let me see it** : **let** et **make** sont suivis de l'infinitif sans **to** ; **make him speak** : *faites-le parler.*

9. **inch(es)** : *pouce(s)* (2,54 cm.).

10. **composure** : *sang-froid* ; **lose one's composure** : *perdre son sang-froid* ; **composed** : *calme, posé.*

11. **clutch = grasp** (*cf.* plus haut) : *étreinte, prise* ; **to clutch, to grasp, to seize** : *empoigner, saisir* ; **clutch at a straw** (*paille*) ou **at straws** : *se raccrocher à n'importe quoi.*

12. **elbow** : *coude* ; **to have elbow room** : 1. *avoir de la place pour se retourner* ; 2. *avoir les coudées franches.*

13. **since** + événement (correspondant forcément à une date) ou date précisée : **I've lived here since my marriage, since 1960** : *j'habite ici depuis mon mariage, depuis 1960.*

'It looks almost like finger-marks,' she said; adding, with a faint laugh: 'My husband says it is as if some witch, or the devil[1] himself, had taken hold of me there and blasted[2] the flesh.'

Rhoda shivered. 'That's fancy,' she said, hurriedly[3]. 'I wouldn't mind it, if I were you.'

'I shouldn't so much mind it,' said the younger, with hesitation, 'if – if I hadn't a notion[4] that it makes my husband – dislike me – no, love me less. Men think[5] so much of personal appearance.'

'Some do – he for one.'

'Yes; and he was very proud[6] of mine, at first.'

'Keep your arm covered from his sight[7].'

'Ah, he knows the disfigurement is there!' She tried to hide the tears that filled her eyes.

'Well, ma'am, I earnestly[8] hope it will go away soon.'

And so the milkwoman's mind was chained anew to the subject by a horrid sort of spell[9] as she returned home. The sense of having been guilty of an act of malignity increased, affect[10] as she might[11] to ridicule her superstition. In her secret heart Rhoda did not altogether[12] object to[13] a slight[14] diminution of her successor's beauty, by whatever means[15] it had come about[16]; but she did not wish to inflict upon[17] her physical pain. For though this pretty young woman had rendered impossible any reparation which Lodge might have made Rhoda for his past conduct, everything like resentment[18] at the unconscious usurpation had quite passed away from the elder's mind.

---

1. **devil** : *why the devil didn't you say so?* : *pourquoi diable ne l'as-tu pas dit ?*; **devilish** : *diabolique*.

2. **blast** : *détruire*.

3. **hurriedly** : *en hâte, à la hâte*; **hurry up!** : *dépêche-toi!*; **hurry** : *hâte, précipitation*; **be in a hurry** : *être pressé*.

4. **notion** : *idée*; *the notion never entered my head!* : *cette idée ne m'est jamais venue à l'esprit !*

5. **think (thought, thought) of** : *penser à*; *I don't think much of him* : *je n'ai pas une haute opinion de lui*.

6. **proud** : *fier*; **proudly** : *fièrement*; **pride** : *orgueil, fierté*; **take a pride in** : *être très fier de* (ses enfants..., de ce qu'on a fait...).

7. **sight** : *vue*; **have good/poor sight** : *avoir une bonne/mauvaise vue*.

8. **earnestly** : *sérieusement, sincèrement*; **earnest** : *sérieux*; *this time I'm in earnest* (n.) : *cette fois je ne plaisante pas*.

9. **spell** : *charme, sortilège*; **an evil spell** : *un maléfice*; **spellbound** : *ensorcelé, envoûté*.

10. **affect, feign, pretend, simulate** : *feindre, affecter*.

11. **as she might...** : notez la construction avec **as** : **amazing as it may seem** :

— On dirait presque des traces de doigts, énonça-t-elle, ajoutant avec un rire discret : Mon mari dit qu'on croirait que c'est une espèce de sorcière ou le diable en personne qui m'a attrapée par là et qui a ratatiné la chair.

Rhoda eut des frissons.

— Ça c'est de l'imagination, s'empressa-t-elle de dire. Je n'y ferais pas attention si j'étais à votre place.

— Je n'y attacherais pas tant d'importance, dit la plus jeune des deux femmes avec hésitation, si... si l'idée ne m'était pas venue que mon mari... me déteste... non, m'aime moins. Les hommes attachent tant d'importance à l'apparence physique.

— Certains, oui. Lui, en particulier.

— Oui. Et il était très fier de la mienne au début.

— Couvrez votre bras, qu'il ne le voie pas.

— Ah !... mais il sait que la déformation est là !

Elle essaya de cacher les larmes qui lui emplissaient les yeux.

— Eh bien, madame, j'espère sincèrement qu'elle disparaîtra vite.

Et c'est ainsi que l'esprit de la laitière fut de nouveau obsédé par le problème, sous l'effet d'une espèce de sortilège horrible alors qu'elle s'en retournait chez elle. Le sentiment d'avoir été coupable d'un acte malveillant grandissait en elle bien qu'elle feignît de se moquer de sa superstition. Au tréfonds de son être, Rhoda n'était pas du tout fâchée de voir légèrement diminuée la beauté de sa remplaçante, quelle qu'en fût la cause, mais elle ne voulait pas lui infliger de souffrance physique. Car, bien que cette jeune et jolie personne eût rendu impossible toute réparation que Lodge eût pu faire à Rhoda pour sa conduite passée, tout ce qui ressemblait à du ressentiment devant cette usurpation inconsciente avait complètement disparu de l'esprit de l'aînée des deux femmes.

---

aussi surprenant que cela paraisse ; **hard as it is to believe** : *aussi incroyable que cela puisse paraître*.

12. **altogether = completely** : *complètement, totalement*.

13. **object to** : *élever une objection contre* ; **I wouldn't object to a bite to eat** : *je mangerais bien un morceau*.

14. **slight, insignificant, minor, small** : *léger, faible, insignifiant*.

15. **means, method, way** : *moyen(s)* ; **the means to an end** : *le moyen d'arriver à ses fins*.

16. **come about = happen** : *arriver, se faire, se produire* ; **how does it come about that you are here?** : *comment se fait-il que vous soyez là ?*

17. **inflict upon, on** : notez la préposition ; **to inflict one's company on sb** : *imposer sa compagnie à qn*.

18. **resentment (at) = displeasure, bitterness** ; **to resent** : *être contrarié* ou *indigné par* ; **he resented my promotion** : *il n'a jamais pu accepter* ou *admettre ma promotion*.

If the sweet and kindly Gertrude Lodge only knew of the scene in the bedchamber, what would she think? Not to inform her of it seemed treachery[1] in the presence of her friendliness; but tell she could not of her own accord, neither could she[2] devise a remedy.

She mused upon the matter[3] the greater part of the night; and the next day, after the morning milking, set out to obtain another glimpse[4] of Gertrude Lodge if she could, being held to her by a gruesome[5] fascination. By watching the house from a distance the milkmaid was presently[6] able to discern the farmer's wife in a ride[7] she was taking alone – probably to join her husband in some distant field. Mrs. Lodge perceived her, and cantered in her direction.

'Good-morning, Rhoda!' Gertrude said, when she had come up, 'I was going to call[8].'

Rhoda noticed that Mrs. Lodge held the reins with some difficulty.

'I hope – the bad[9] arm,' said Rhoda.

'They tell me there is possibly one way[10] by which I might be able to find out the cause, and so perhaps the cure[11] of it,' replied the other, anxiously. 'It is by going to some clever[12] man over in Egdon Heath. They did not know if he was still alive – and I cannot remember his name at this moment; but they said that you knew more of his movements than anybody else hereabout[13], and could tell me if he were still to be consulted. Dear me – what was his name? But you know'.

---

1. **treachery** : *traîtrise, déloyauté* ; **treacherous** : *traître, perfide* ; **be treacherous to sb** : *trahir qn*.

2. <u>**neither could she**</u> **devise** : neither + construction interrogative : équivalent de... *non plus*. **Peter didn't come, neither did Paul**, *Pierre n'est pas venu, Paul non plus*.

3. **matter** : *question, affaire* ; **the matter in hand** : *l'affaire en question* ; **it's a small matter** : *c'est un détail*.

4. **glimpse** : *coup d'œil rapide* ; **catch a glimpse of** : *entrevoir, apercevoir*.

5. **gruesome** (= macabre, awful, horrific) : **in gruesome detail** : *jusque dans les plus horribles détails*.

6. **presently** (faux-ami), **soon, before long, shortly** ; *présentement* : **now, at present**.

Et si seulement la douce et bonne Gertrude Lodge avait eu connaissance de la scène du rêve dans la chambre à coucher, que penserait-elle ? Ne pas l'en informer semblait être une trahison eu égard à sa gentillesse, mais lui en parler d'elle-même, Rhoda en était incapable ; elle ne parvenait non plus à imaginer de solution.

Elle réfléchit sur la question la plus grande partie de la nuit et, le lendemain, après la traite du matin, elle se mit en route afin de revoir, si possible, Gertrude Lodge, attachée qu'elle était à celle-ci par une macabre fascination. En observant la maison de loin, la laitière réussit bientôt à repérer l'épouse du fermier qui allait seule à cheval, probablement pour rejoindre son mari dans quelque champ éloigné. Mme Lodge la vit et vint au petit galop dans sa direction.

— Bonjour, Rhoda ! fit Gertrude, quand elle arriva à la hauteur de celle-ci. J'avais l'intention de vous rendre visite.

Rhoda remarqua que Mme Lodge avait quelque difficulté à tenir ses rênes.

— J'espère... que ce bras malade... fit Rhoda.

— On m'a dit qu'il y a peut-être une possibilité de trouver la cause et donc peut-être le remède, répondit l'autre, l'air inquiet. C'est en allant voir un homme qui est au fait de ces choses, là-bas sur la lande d'Egdon. On ne sait pas s'il est toujours en vie et je ne me souviens pas de son nom pour l'instant, mais on a prétendu que vous en saviez plus sur lui que n'importe qui par ici et que vous sauriez si on peut toujours le consulter. Mon Dieu ! comment s'appelle-t-il déjà ? Mais vous le savez, vous.

---

7. **ride** : *promenade/balade à cheval* ; **go for a ride** : *aller faire un tour à cheval* ; **ride, rode, ridden** : *aller/monter à cheval*.

8. **to call/pay a visit** : *rendre visite* ; aussi : **make or pay a call on sb** : *rendre visite à qn*.

9. **bad** : **have a bad back** : *avoir mal au dos* ; **his bad leg** : *sa mauvaise jambe, sa jambe malade*.

10. **way, means** : *moyen*.

11. **past** ou **beyond cure** : *inguérissable, incurable* ; **to cure** : *guérir* ; **be cured of sth** : *guérir de qch*.

12. **clever at doing sth** : *habile à faire qch, doué pour faire qch*.

13. **hereabout(s)** : *par ici, près d'ici, dans les parages*.

'Not Conjurer Trendle?' said her thin companion, turning pale[1].

'Trendle – yes. Is he alive[2]?'

'I believe so[3],' said Rhoda, with reluctance.

'Why do you call him conjuror[4]?'

'Well – they say – they used to[5] say he was a – he had powers that other folks have not.'

'Oh, how could my people be so superstitious as to recommend[6] a man of that sort! I thought they meant[7] some medical man. I shall think no more of him.'

Rhoda looked relieved, and Mrs. Lodge rode on[8]. The milkwoman had inwardly seen, from the moment[9] she heard of her having been mentioned[10] as a reference for this man, that there must exist a sarcastic feeling among the workfolk that a sorceress would know the whereabouts of the exorcist. They suspected her, then. A short time ago this would have given no concern[11] to a woman of her common sense. But she had a haunting[12] reason to be superstitious, now; and she had been seized with sudden dread that this Conjurer Trendle might name her as the malignant influence which was blasting the fair[13] person of Gertrude, and so lead[14] her friend to hate her forever, and to treat her as some fiend in human shape.

But all was not over. Two days after, a shadow intruded into the window-pattern[15] thrown on Rhoda Brook's floor by the afternoon sun. The woman opened the door at once, almost breathlessly.

---

1. **turning pale** = becoming pale; **turn nasty** : *devenir méchant*; **the weather has turned cold** : *le temps s'est rafraîchi*.

2. **alive**, **living** : **keep sb alive** : *maintenir qn en vie*; **while alive, he...** : *de son vivant, il...*

3. **I believe so** = I believe he is alive (répétition évitée).

4. **conjuror** ou **conjurer** = magician, sorcerer, wizard. Signifie *prestidigitateur* en anglais contemporain.

5. **used to**, employé à toutes les personnes, sert à exprimer une rupture entre le présent et le passé; **I used to smoke**, *je fumais autrefois* (mais plus maintenant).

6. **so** superstitious **as to** recommend ou **superstitious enough to** recommend.

7. **mean, meant, meant** : 1. *vouloir dire*; 2. *signifier*.

8. **rode on** : idée de continuation; **read on** : *continue à lire*.

— Ce n'est pas le sorcier Trendle ? demanda sa maigre compagne en pâlissant.

— Trendle... oui. Est-il toujours en vie ?

— Je crois que oui, répondit Rhoda, réticente.

— Pourquoi l'appelez-vous sorcier ?

— Euh... on dit... on disait autrefois qu'il était... qu'il avait des pouvoirs que d'autres n'ont pas.

— Oh ! comment les gens de mon entourage peuvent-ils être assez superstitieux pour me recommander un homme de la sorte ? Je croyais qu'ils voulaient parler d'un médecin. Je ne veux plus en entendre parler.

Rhoda sembla soulagée et Mme Lodge poursuivit son chemin. La laitière avait compris en son for intérieur, dès l'instant où elle avait appris qu'on l'avait citée comme pouvant donner des renseignements sur cet homme, qu'il devait courir chez les ouvriers agricoles des bruits assortis de sarcasmes, selon lesquels une sorcière saurait où se trouvait l'exorciste. On nourrissait donc des soupçons à son égard. Peu de temps auparavant, cela n'aurait nullement inquiété une femme dotée de bon sens comme l'était Rhoda Brook. Mais à présent, elle avait une raison obsédante de se montrer superstitieuse et la crainte l'avait soudain saisie que ce sorcier Trendle ne la cite comme étant l'influence maléfique qui détruisait la beauté de Gertrude, amenant celle-ci à la détester à jamais et à la traiter comme quelque diablesse aux formes humaines.

Mais tout n'était pas fini. Deux jours plus tard, une ombre importune passa dans le cadre de la fenêtre, dessinée sur le parquet de Rhoda Brook par le soleil de l'après-midi. Celle-ci, presque à bout de souffle, ouvrit immédiatement la porte.

---

9. **moment** a souvent le sens d'*instant* : **just a moment! one moment! wait a moment!** : *un instant ! une minute !*

10. **she heard of her having been mentioned...** : gérondif ou nom verbal employé comme c. o. d. et avec un adjectif possessif (comme tout autre nom).

11. **concern** (n.) = **anxiety, distress, disquiet, worry**.

12. **haunting, recurrent** : *obsédant, qui vous hante* (**to haunt**); **hauntingly beautiful** : *d'une beauté envoûtante.*

13. **fair** (adj.) = **beautiful, comely, lovely, pretty**.

14. **lead to, led, led** : 1. = (ici) **cause, incline, induce, influence** : *pousser à* ; 2. (sans **to**) *mener, être le premier* (**the leader**).

15. **pattern** : *motif, dessin* (du cadre de la fenêtre) ; **the torches made patterns of light on the walls** : *la lumière des torches dessinait des formes sur les murs.*

'Are you alone[1]?' said Gertrude. She seemed to be no less harassed[2] and anxious than Brook herself.

'Yes,' said Rhoda.

'The place on my arm seems worse, and troubles me!' the farmer's young wife went on. 'It is so mysterious! I do hope[3] it will not be an incurable wound[4]. I have again been thinking of what they said about Conjurer Trendle. I don't really believe in such men, but I should not mind[5] just visiting him, from curiosity – though on no account[6] must my husband know. Is it far to where he lives?'

'Yes – five miles,' said Rhoda, backwardly[7]. 'In the heart of Egdon.'

'Well, I should have to walk[8]. Could not you go with me to show me the way – say[9] to-morrow afternoon?'

'Oh, not I – that is,' the milkwoman murmured, with a start[10] of dismay. Again the dread seized her that something to do with[11] her act in the dream might be revealed, and her character in the eyes of the most useful friend she had ever had be ruined irretrievably.

Mrs. Lodge urged[12], and Rhoda finally assented, though with much misgiving. Sad as the journey would be[13] to her, she could not conscientiously stand in the way[14] of a possible remedy for her patron's strange affliction. It was agreed that, to escape suspicion[15] of their mystic intent, they should meet at the edge of the heath, at the corner of a plantation which was visible from the spot where they now stood.

---

1. alone ou **by yourself**.
2. harassed = tormented, worried, under stress, under pressure ; **harassed by doubts** : *harcelé de doutes*.
3. **I do hope** : do employé dans une phrase affirmative pour marquer l'insistance (forme emphatique) ; **I do remember it**, *mais si, je m'en souviens*.
4. wound : *blessure*; aussi **injury**.
5. mind = object to ; **would you mind coming with me?** : *cela ne vous dérangerait pas de m'accompagner ?*
6. **on no account** ou **not on any account** : *sous aucun prétexte*.
7. backwardly (adv.) ; backward (adj.), reluctant : *peu disposé, hésitant*; **he wasn't backward in offering his opinion** : *il ne s'est pas fait prier pour donner son avis*.
8. **I should have to walk** : have to exprime une obligation, une contrainte extérieure à soi.

142

— Êtes-vous seule ? demanda Gertrude.

Elle ne semblait pas moins tourmentée et anxieuse que Rhoda elle-même.

— Oui, répondit cette dernière.

— Mon bras, à l'endroit que vous savez, a l'air d'empirer et ça me tracasse ! poursuivit l'épouse du fermier. C'est si mystérieux ! J'espère que ça ne va pas devenir une plaie incurable. J'ai repensé à ce qu'on a dit de Trendle, le sorcier. Je ne crois vraiment pas à ce genre de personnes, mais je ne vois pas d'inconvénient à aller le consulter, juste par curiosité... mais en aucun cas mon mari ne doit le savoir. Est-ce que c'est loin, là où il habite ?

— Oui. Huit kilomètres, dit Rhoda, réticente. C'est au cœur de la lande d'Egdon.

— Bon, il faudrait que j'y aille à pied. Vous ne pourriez pas venir me montrer le chemin... disons demain après-midi ?

— Oh, non, pas moi... c'est-à-dire... murmura la laitière avec un mouvement de désarroi.

De nouveau, la crainte la saisit à l'idée que quelque chose de lié à son geste violent, au cours de son rêve, ne soit révélé et que sa réputation aux yeux de l'amie la plus précieuse qu'elle ait jamais eue ne soit irrémédiablement entachée.

Mme Lodge se fit pressante et Rhoda finit par donner son consentement, malgré sa grande appréhension.

Si triste que serait l'expédition, elle ne pouvait en conscience faire obstacle à une guérison possible du mal étrange dont sa protectrice était affligée. Les deux femmes se mirent d'accord que, pour échapper aux soupçons qu'éveillerait leur projet occulte, elles se rencontreraient à la limite de la lande, au coin d'un bois qui était visible de l'endroit où elles se tenaient alors.

---

9. **say** ou **let's say**.

10. **start** (n.) : *sursaut, tressaillement* ; **to wake with a start** : *se réveiller en sursaut* ; **give sb a start** : *faire sursauter qn*.

11. **something to do with** = sth having a connection with, concerning.

12. **urge** = **implore, press** : *insister* ; **I urge you to do it at once** : *je ne saurais trop vous conseiller de le faire immédiatement*.

13. **sad as the journey would be** ou **however sad the journey would be** ou **even though the journey would be sad**.

14. **stand/be in the way** : 1. *bloquer, barrer le passage* ; 2. *gêner* ; **am I in the (your) way?** : *est-ce que je vous empêche de passer ? est-ce que je vous gêne ?*

15. **to escape** ou **in order to escape suspicion** : *pour, afin de, dans le but d'échapper à, au...* (pas de préposition en anglais : **escape suspicion**).

5. Conjurer Trendle

By the next afternoon Rhoda would have done anything[1] to escape this inquiry[2]. But she had promised to go. Moreover, there was a horrid fascination at times in becoming instrumental[3] in throwing[4] such possible light on her own character as would reveal her to be something greater in the occult world than she had ever herself suspected.

She started just before the time of day[5] mentioned between them, and half an hour's brisk walking[6] brought her to the southeastern extension of the Egdon tract[7] of country, where the fir plantation was. A slight figure, cloaked and veiled[8], was already there. Rhoda recognized, almost with a shudder, that Mrs. Lodge bore her left arm in a sling.

They hardly spoke to each other, and immediately set out on their climb[9] into the interior of this solemn country, which stood high above the rich alluvial soil they had left half an hour[10] before. It was a long walk; thick clouds made the atmosphere dark, though it was as yet[11] only early afternoon; and the wind howled dismally[12] over the hills of the heath – not improbably the same heath which had witnessed[13] the agony of the Wessex King Ina, presented to after-ages[14] as Lear[15]. Gertrude Lodge talked most, Rhoda replying with monosyllabic preoccupation. She had a strange dislike to walking on the side of her companion where hung the afflicted arm, moving round to the other when inadvertently near it.

---

1. **anything**, *n'importe quoi*; **anybody**, *n'importe qui* : **any** dans une phrase affirmative a le sens de *n'importe* : **any child knows that**, *n'importe quel enfant sait cela*.

2. **inquiry** : **inquiry agent** : *détective privé*; **inquiry office** : *bureau de renseignements*; **inquire** : *s'informer*.

3. **instrumental** : **he was instrumental in launching the scheme** : *il a joué un rôle déterminant dans le lancement du projet*.

4. **throw** ou **shed light on** : *jeter de la lumière sur, éclaircir, éclairer* (problème...)

5. **the time of day**; **at this time of night** : *à cette heure de la nuit*.

6. **half an hour's brisk walking** : génitif appliqué à la notion de durée et aux divisions du temps : **a month's holiday**, *un congé d'un mois*; **yesterday's newspaper**, *le journal d'hier*.

7. **tract** : *étendue* (de terre, d'eau); **vast tracts of wilderness** : *de vastes zones désertiques*.

5. Le sorcier Trendle

L'après-midi du lendemain, Rhoda aurait fait n'importe quoi pour se dérober à cette investigation. Mais elle avait promis d'y aller. En outre, elle éprouvait parfois une horrible fascination à contribuer à apporter sur sa propre personnalité un éventuel éclairage, la révélant ainsi comme quelqu'un de plus important dans le monde occulte, qu'elle ait jamais soupçonné elle-même.

Elle se mit en route juste avant l'heure convenue entre elles deux et une demi-heure d'une marche rapide la mena à cette extrémité sud-est de la lande d'Egdon, là où s'étendait le bois de pins. Une mince silhouette portant manteau et voilette s'y trouvait déjà. Rhoda, tremblant à moitié, remarqua que Mme Lodge avait le bras gauche en écharpe.

Elles s'adressèrent à peine la parole et, sans attendre, elles entamèrent leur ascension vers le centre de ce pays grandiose qui domine les riches terres alluviales qu'elles avaient quittées une demi-heure auparavant. La marche était longue ; de gros nuages assombrissaient l'atmosphère bien que ce ne fût encore que le début de l'après-midi et le vent hurlait, lugubre, sur les pentes de la lande – très probablement la même lande qui avait été témoin de l'agonie d'Ina, roi du Wessex, présenté aux siècles suivants sous le nom de Lear. Gertrude Lodge parlait la plupart du temps ; Rhoda, préoccupée, répondait par monosyllabes. Cette dernière éprouvait une étrange répulsion à marcher avec sa compagne du côté du bras malade et elle passait de l'autre quand, par inadvertance, elle se trouvait près de celui-ci.

---

8. **cloaked and veiled** ou **with a cloak and a veil on**.

9. **climb** ou **ascent** (n.) : *montée, escalade* ; **to climb, to ascend** : *grimper* ; **climbing** : *montée, escalade* ; *alpinisme*.

10. **half an hour** : notez la place de **an** (on a aussi **a quarter of an hour**)

11. **as yet** : notez cet emploi ; **no one has come as yet** : *personne n'est encore arrivé* ; **are you coming? not just as yet** : *est-ce que tu viens ? pas tout de suite*.

12. **dismally** (adv.) ; **dismal** (adj.) : *lugubre*.

13. **witness** : *voir, être témoin de* (changements...) ; **a witness** : *un témoin* ; **an eyewitness** : *un témoin oculaire*.

14. **age** : *siècle* (époque) ; **I haven't seen him for ages** : *il y a une éternité que je ne l'ai vu* ; **century** = 100 years.

15. **Lear**, héros de la pièce de Shakespeare ***King Lear***.

Much heather had been brushed by their feet[1] when they descended upon a cart-track[2], beside which stood the house of the man they sought[3].

He did not profess[4] his remedial[5] practices openly, or care anything about their continuance[6], his direct interests being those of a dealer[7] in furze, turf, 'sharp sand[8],' and other local products. Indeed, he affected not to believe largely in his own powers, and when warts that had been shown him for cure miraculously disappeared – which it must be owned[9] they infallibly did – he would say[10] lightly[11], 'Oh, I only drink a glass of grog upon 'em – perhaps it's all chance,' and immediately turn the subject[12].

He was at home when they arrived, having, in fact, seen them descending into his valley. He was a gray-bearded man, with a reddish face, and he looked singularly at Rhoda the first moment he beheld her. Mrs. Lodge told him her errand[13], and then with words of self-disparagement[14] he examined her arm.

'Medicine can't cure it,' he said, promptly. ''Tis the work of an enemy.'

Rhoda shrank[15] into herself and drew back.

'An enemy? What enemy?' asked Mrs. Lodge.

He shook his head. 'That's best known to yourself,' he said. 'If you like I can show the person to you[16], though I shall not myself know who it is. I can do no more, and don't wish to do that.'

---

1. **much heather had been brushed by their feet** : la forme passive est bien plus employée en anglais qu'en français.

2. **track** : *chemin, piste*; **cart** : *charrette*; **to put the cart before the horse** : *mettre la charrue avant les bœufs*.

3. **seek, sought, sought** : *chercher, rechercher*.

4. **profess law** : *exercer la profession d'avocat*; **profess medicine** : *exercer la profession de médecin*.

5. **remedial** : *curatif*; aussi *de rattrapage* (scolaire); **remedial education** : *soutien scolaire*.

6. **continuance** : *perpétuation, continuité*.

7. **dealer** : *négociant*.

8. **'sharp sand'** : probablement une appellation locale (peut-être du « *sable liant* » ou de la *chaux*.)

Leurs pieds avaient frôlé souvent la bruyère quand elles abordèrent la descente d'un chemin charretier, au bord duquel se trouvait la maison de l'homme qu'elles cherchaient.

Celui-ci n'exerçait pas ouvertement son métier de guérisseur ni ne se souciait de le perpétuer, ses intérêts immédiats étant le négoce des ajoncs, de la tourbe, du « sable vif » et autres produits locaux. Qui plus est, en fait, il prétendait ne pas croire beaucoup en ses propres pouvoirs et, lorsque des verrues qu'on lui montrait pour être soignées disparaissaient miraculeusement (ce qui, il faut le reconnaître, se produisait infailliblement), il disait d'un ton badin : « Oh ! je me contente de boire un verre de grog à leur santé et à vos frais... C'est peut-être un pur hasard », et puis il changeait immédiatement de sujet de conversation.

Il se trouvait chez lui quand les deux femmes arrivèrent ; en réalité, il les avait vues descendre dans sa vallée. C'était un homme à barbe grise, le visage rougeaud ; il regarda Rhoda de singulière façon dès le premier instant où il l'aperçut. Mme Lodge lui parla de l'objet de sa démarche ; puis après avoir rabaissé ses propres mérites, il examina son bras.

— La médecine ne peut pas guérir ça, dit-il aussitôt. C'est l'œuvre d'un ennemi.

Rhoda se replia sur elle-même et eut un mouvement de recul.

— Un ennemi ? Quel ennemi ? demanda Mme Lodge.

Trendle secoua la tête.

— Ça, c'est vous la mieux placée pour le savoir, dit-il. Si vous le voulez, je peux vous montrer la personne en question, mais moi, je ne saurai pas qui c'est. Je ne peux rien faire de plus, et ça, même, je le fais à contrecœur.

---

9. **own = admit, concede, acknowledge** : *admettre, reconnaître, concéder*.

10. **would** exprime une habitude dans le passé (= **he was in the habit of saying**).

11. **light(ly) = humorous, funny, frivolous**.

12. **turn the subject = change the subject**.

13. **errand** : *but d'un déplacement, objet d'une visite*.

14. **self-disparagement** : *autodénigrement* ; **disparage** : *décrier, déprécier* ; **be disparaging about** : *faire des remarques désobligeantes/peu flatteuses sur*.

15. **shrink, shrank, shrunk** : *se ratatiner, rapetisser*.

16. **I can show the person to you** : de façon plus courante : **I can show you the person** ; **show, showed, shown** : *montrer*.

She pressed him; on which[1] he told Rhoda to wait outside where she stood, and took Mrs. Lodge into the room. It opened[2] immediately from the door; and, as the latter remained ajar, Rhoda Brook could see the proceedings[3] without taking part in them. He brought a tumbler[4] from the dresser, nearly filled it with water, and fetching an egg, prepared it in some private[5] way; after which he broke it on the edge of the glass, so that the white went in and the yolk remained. As it was getting gloomy[6], he took the glass and its contents[7] to the window, and told Gertrude to watch them closely[8]. They leant[9] over the table together, and the milkwoman could see the opaline hue[10] of the egg-fluid changing form as it sank[11] in the water, but she was not near enough to define the shape that it assumed[12].

'Do you catch[13] the likeness[14] of any face or figure as you look?' demanded[15] the conjurer of the young woman.

She murmured a reply, in tones so low as to be inaudible to Rhoda, and continued to gaze intently into the glass. Rhoda turned, and walked a few steps away.

When Mrs. Lodge came out, and her face was met by the light, it appeared exceedingly pale – as pale as Rhoda's – against the sad dun shades[16] of the upland's garniture. Trendle shut the door behind her, and they at once started homeward together. But Rhoda perceived that her companion had quite changed.

'Did he charge[17] much?' she asked, tentatively[18].

---

1. **on which** = thereupon, thereon : *là-dessus, à ce propos/ sujet* ; *à/sur ces mots*.

2. **open** : *ouvrir*, mais aussi (ici) *s'ouvrir*.

3. **proceeding(s)** : *façon d'agir, de procéder*. **I'm not sure how to proceed** : *je ne sais pas très bien comment m'y prendre*.

4. **tumbler** : *verre sans pied*.

5. **private** : *privé* ; '**private**' : « *privé* », *interdit au public* » ; **he's a very private person** : *c'est un homme très secret*.

6. **getting gloomy** : **get** + adj. = **become**, *devenir*.

7. **content<u>s</u>** ou **content** : *contenu* ; **(table of) contents** : *table des matières*.

8. **closely** : *carefully* ; **monitor sth closely** : *suivre qch de près*.

9. **lean, leant** ou **leaned, leant** ou **leaned** : *pencher, se pencher* ; dans ce cas la forme en **-ed** serait ici plus souvent employée en américain.

10. **hue** = **colour, tint** : *couleur, nuance*.

11. **sink, sank, sunk** : *couler,* (bateau) *sombrer* ; **sink like a stone** : *couler à pic* ; **it was sink or swim** (*nager*) : *il fallait bien s'en sortir/s'en tirer tout seul*.

Mme Lodge se fit insistante ; là-dessus Trendle demanda à Rhoda d'attendre dehors, là où elle se trouvait, et fit entrer Gertrude dans la pièce. La porte s'ouvrait directement sur celle-ci et, comme elle resta entrebâillée, Rhoda Brook put voir le déroulement de l'opération sans y participer. Trendle sortit un verre du buffet, l'emplit presque entièrement d'eau, alla chercher un œuf et le manipula d'une façon qui lui était particulière, le cassa sur le bord du verre de manière que le blanc y coule et que le jaune reste dans la coquille. Comme il commençait à faire sombre, il porta le verre avec son contenu à proximité de la fenêtre et dit à Gertrude d'observer de près le mélange. Ils se penchèrent tous les deux au-dessus de la table et la laitière vit la teinte opale du blanc d'œuf changer d'aspect en s'enfonçant dans l'eau, mais elle n'était pas suffisamment proche pour distinguer la forme qu'il prenait.

— Trouvez-vous, en observant, une ressemblance avec un visage ou une silhouette ? demanda le sorcier à la jeune femme.

Gertrude murmura une réponse d'une voix si faible qu'elle était inaudible pour Rhoda, puis elle continua de regarder intensément le contenu du verre. Rhoda se retourna puis s'éloigna de quelques pas.

Quand Mme Lodge sortit et que son visage fut frappé par la lumière du jour, il sembla extrêmement pâle – aussi pâle que celui de Rhoda – en contraste avec les couleurs sombres et tristes des frondaisons qui ornaient le plateau. Trendle referma la porte derrière elle et les deux femmes reprirent immédiatement le chemin du retour. Mais Rhoda remarqua que sa compagne n'était plus du tout la même.

— Il vous a demandé beaucoup d'argent ? demanda-t-elle, hésitante.

---

12. **assume** a aussi le sens de *supposer* : **assuming this to be true** : *en supposant que ceci soit vrai.*

13. **catch, caught, caught** : (ici) *saisir, discerner, comprendre.*

14. **likeness = resemblance** ; **I can't see much likeness between them** : *je ne trouve pas qu'ils se ressemblent beaucoup* ; **a strong family likeness** : *un air de famille très marqué* ; **like** : *comme.*

15. **demand** a souvent le sens d'*exiger.*

16. **shade = colour, hue, tinge** : *nuance, ton, couleur.*

17. **charge** : *faire payer* ; **charge** (n.) : *coût* ; **what's the charge? how much do you charge?** *ça coûte combien ? combien prenez-vous ?*

18. **tentatively** : adv. formé sur l'adj. **tentative = hesitant, uncertain, unsure, cautious.**

'Oh no – nothing. He would not take a farthing[1],' said Gertrude.
'And what did you see?' inquired Rhoda.
'Nothing I care[2] to speak of.' The constraint in her manner was remarkable; her face was so rigid as to wear an oldened[3] aspect, faintly suggestive of the face in Rhoda's bedchamber.

'Was it you who first proposed coming here[4]?' Mrs. Lodge suddenly inquired, after a long pause[5]. 'How very odd[6], if you did!'

'No. But I am not sorry we have come, all things considered[7],' she replied. For the first time a sense of triumph possessed her, and she did not altogether deplore that the young thing at her side should learn that their lives had been antagonized[8] by other influences than their own[9].

The subject was no more alluded to[10] during the long and dreary[11] walk home. But in some way or other a story was whispered[12] about the many dairied lowland that winter that Mrs. Lodge's gradual loss[13] of the use of her left arm was owing to[14] her being 'overlooked' by Rhoda Brook. The latter kept[15] her own counsel about the incubus, but her face grew sadder and thinner; and in the spring she and her boy disappeared from the neighbourhood of Holmstoke.

---

1. **farthing** : *quart d'un ancien* **penny** *(très petite somme)* ; **it'not worth a farthing** : *ça ne vaut rien.*

2. **care** : *attacher de l'importance à* ; **do you care to go ?** : *ça vous dit d'y aller ?*

3. **old<u>en</u>ed** : *vieilli* ; **broad<u>en</u>ed** : *élargi* (**broad** : *large*) : **–en** + adj. = become old(er), broad(er)...

4. **proposed coming here** : *gérondif en* **-ing** *en position de c. o. d.*

5. **pause** = *silence* ; **to pause** : *marquer une pause, un temps d'arrêt* ; **to pause for thought** : *prendre le temps de réfléchir.*

6. **odd** = *strange, bizarre, weird.*

7. **all things** ou **everything considered** : *tout bien considéré, tout compte fait.*

8. **antagonize** + personne : *contrarier, se mettre à dos* ; **I don't want to antagonize him** : *je ne veux pas le contrarier, je ne veux pas me le mettre à dos.*

— Oh non... rien. Il n'a pas voulu prendre un sou, répondit Gertrude.

— Et qu'est-ce que vous avez vu ? s'enquit Rhoda.

— Rien qui vaille la peine que... j'en parle.

La raideur dans sa manière d'être était évidente ; son visage était si sévère qu'il en paraissait vieilli et il rappelait un peu celui apparu dans la chambre de Rhoda.

— Est-ce vous qui avez proposé la première de venir ici ? demanda tout à coup Mme Lodge après un long silence. C'est bien étrange, si tel est le cas !

— Non. Mais je ne regrette pas que nous soyons venues, tout compte fait, répondit-elle.

Pour la première fois, un sentiment de triomphe envahit Rhoda et elle n'était pas totalement fâchée que la jeune personne qui se tenait à ses côtés apprenne que leurs vies respectives s'étaient croisées de manière malencontreuse sous l'effet d'influences autres que les leurs.

Plus aucune autre allusion ne fut faite à ce sujet au cours de leur long et pénible retour. Mais d'une façon ou d'une autre, cet hiver-là, dans la plaine aux nombreuses laiteries, la rumeur circula, discrète, que la perte graduelle de son bras gauche chez Mme Lodge était due au fait que Rhoda Brook lui avait « jeté le mauvais œil ». Celle-ci garda pour elle la présence du spectre, mais son visage amaigri trahissait une tristesse toujours plus grande. Et au printemps son fils et elle disparurent des parages de Holmstoke.

---

9. **own** : adj. et adv., **own** renforce l'idée de possession, comme *propre* en français ; **to own** : *posséder*.

10. **was no more alluded to** : la préposition est conservée à la forme passive d'un verbe intransitif.

11. **dreary** = **sad, melancholy, cheerless**.

12. **whisper** : *murmurer* ; **a whisper** = **a murmur** ; **there were murmurs of disagreement** : *il y eut des murmures de désapprobation*.

13. **loss** : *perte* ; **to lose, lost, lost** : *perdre*.

14. **owing to** = **because of, as a result of, on account of**.

15. **keep, kept, kept** : *garder* ; **keep one's own counsel** : *garder ses intentions, projets, opinions pour soi*.

6. A Second Attempt

Half a dozen[1] years passed away, and Mr. and Mrs. Lodge's married experience[2] sank into prosiness[3], and worse. The farmer was usually gloomy[4] and silent: the woman whom he had wooed[5] for her grace and beauty was contorted and disfigured in the left limb[6]; moreover, she had brought him no child, which rendered it likely[7] that he would be the last of a family who had occupied that valley for some two hundred years. He thought of Rhoda[8] Brook and her son, and feared this might[9] be a judgment from Heaven upon him.

The once[10] blithe[11]-hearted and enlightened[12] Gertrude was changing into an irritable, superstitious woman, whose whole time was given to[13] experimenting[14] upon her ailment with every quack[15] remedy she came across[16]. She was honestly attached to her husband, and was ever secretly hoping against hope to win back his heart again by regaining some at least of her personal beauty. Hence it arose[17] that her closet was lined with[18] bottles, packets, and ointment-pots of every description – nay, bunches of mystic herbs, charms, and books of necromancy, which in her school-girl time she would have ridiculed as folly.

'Damned if you won't poison yourself with these apothecary messes and witch mixtures some time or other,' said her husband, when his eye chanced to fall[19] upon the multitudinous array.

---

1. **half a dozen** : notez la place de **a**.

2. **experience** : *expérience* (vécue) mais **experiment** : *expérimentation, expérience* (en physique, chimie...).

3. **prosiness** : n. formé sur **prosy** : *ennuyeux, insipide*.

4. **feel gloomy** : *se sentir morose* ; **he took a gloomy view of everything** : *il voyait tout en noir*.

5. **woo** : *faire la cour à, courtiser.*

6. **disfigured in the left limb** : notez la préposition **in**.

7. **likely** (adj.) : *possible, probable* ; **he is likely to win** : *il a de fortes chances de gagner.*

8. **thought of Rhoda** : notez la préposition (il est conseillé d'apprendre en même temps que les noms, verbes, adjectifs nouvellement rencontrés les prépositions qui leur sont associées).

9. **might** exprime une probabilité (prétérit de **may**).

6. Seconde tentative

Six années s'écoulèrent et le couple de M. et Mme Lodge sombra dans l'ennui et pis encore. Le fermier était généralement sombre et silencieux ; la femme qu'il avait courtisée pour sa grâce et sa beauté avait le bras gauche déformé et mutilé ; en outre, elle ne lui avait pas donné d'enfant, ce qui, vraisemblablement, ferait de lui le dernier d'une famille qui vivait dans cette vallée depuis quelque deux cents ans. Il pensait à Rhoda et à son fils et redoutait que ce fût peut-être là un châtiment venu du ciel.

Gertrude, naguère joyeuse, esprit éclairé, devenait une femme irritable, superstitieuse qui passait son temps à essayer sur son mal tous les remèdes de charlatan sur lesquels elle pouvait tomber. Elle était sincèrement attachée à son mari et espérait toujours secrètement, contre tout espoir, regagner son cœur en retrouvant au moins en partie sa beauté. Il en résulta que son armoire se remplit de fioles, de sachets et de pots d'onguents de toutes sortes et qui plus est, de bouquets de plantes aux vertus magiques, d'amulettes et de livres de nécromancie, toutes choses que, du temps où elle allait à l'école, elle tournait en ridicule et traitait de sottises.

— Le diable m'emporte si tu ne t'empoisonnes pas un jour ou l'autre avec ces saletés d'apothicaire et ces mixtures de sorcière ! dit son mari quand son regard tomba par hasard sur cette collection sans fin.

---

10. **once** : *autrefois* ; **a once powerful nation** : *une nation jadis puissante*.

11. **blithe** = **cheerful, gay, happy, merry**.

12. **enlightened** (contient **light**, *lumière*) : **open-minded** (*à l'esprit ouvert*), **broad-minded** (*qui a les idées larges*).

13. **given to** = **devoted to**.

14. **experiment** : *faire une expérience, expérimenter* (*cf.* note 2).

15. **quack** = **bogus doctor** : *charlatan*.

16. **come across, came, come** : *tomber sur, rencontrer par hasard*.

17. **arise, arose, arisen** : **result** : *résulter, découler*.

18. **line with** : *garnir de* ; **the walls were lined with books** : *les murs étaient couverts* ou *tapissés de livres*.

19. **chanced to fall** : ici **chance** est un verbe ; **I chanced to hear his name** : *j'ai entendu son nom par hasard* (**by chance**).

She did not reply, but turned her sad, soft glance upon him in such heart-swollen[1] reproach that he looked sorry for his words[2], and added, 'I only meant it for your good[3], you know, Gertrude.'

'I'll clear out the whole[4] lot, and destroy them,' said she, huskily, 'and attempt such remedies no more!'

'You want somebody to cheer you[5],' he observed. 'I once thought of adopting a boy; but he is too[6] old now. And he is gone away I don't know where.'

She guessed to whom he alluded; for Rhoda Brook's story had in the course of years become known to her[7]; though not a word had ever passed between her husband and herself on the subject. Neither had she[8] ever spoken to him of her visit to Conjurer Trendle, and of what was revealed to her, or she thought was revealed to her, by that solitary heath-man.

She was now five-and-twenty[9]; but she seemed older[10]. 'Six years of marriage, and only a few months of love,' she sometimes whispered to herself[11]. And then she thought of the apparent cause, and said, with a tragic glance at her withering limb, 'If I could only again be as I was when he first saw me[12]!'

She obediently[13] destroyed her nostrums and charms; but there remained a hankering wish[14] to try something else – some other sort of cure altogether. She had never revisited Trendle since she had been conducted to the house of the

---

1. **swollen** : *gonflé, enflé* ; **eyes swollen with tears** : *yeux gonflés de larmes* ; **swell, swelled, swelled** ou **swollen** : *s'enfler, se gonfler, grossir* ; **swell** : *la houle.*

2. **word** : 1. *mot* ; 2. *parole.*

3. **good** (n.) : *bien* ; **it did him good** : *ça lui a fait du bien.*

4. **whole** (adj.) : *(tout) entier* ; **whole villages were destroyed** : *des villages entiers furent détruits* ; **the whole** (n.) **of the morning** : *toute la matinée.*

5. **cheer up!** : *courage !*

6. **too, so** (*si, tant, tellement*), **as** (dans le comparatif d'égalité), **how** (*comme !*) s'emploient seuls (sans **much, many**...) uniquement avec un adj. et un adv. ; **how old she looks!** : *comme elle a l'air vieux !*

7. **known to her** : notez la préposition.

Elle ne répondit pas mais tourna vers lui ses yeux pleins de tristesse et de douceur, le cœur si gros de reproche que Lodge sembla regretter ses paroles et ajouta :

— Je ne voulais que ton bien, tu sais, Gertrude.

— Je vais débarrasser toutes ces drogues et les détruire, dit-elle d'une voix rauque et je n'en essaierai plus d'autres.

— Il te faut quelqu'un pour te remonter le moral, observa-t-il. À un certain moment, j'ai envisagé d'adopter un petit garçon, mais il est trop grand maintenant et il est parti je ne sais où.

Elle devina à qui il avait fait allusion ; en effet, au fil des années, elle avait appris l'histoire de Brook. Mais pas un seul mot n'avait été échangé entre elle et son mari à ce sujet. Elle ne lui avait jamais parlé non plus de sa visite au sorcier Trendle, ni de ce qui lui avait été révélé ou croyait qu'il lui avait été révélé par ce solitaire de la lande.

Elle avait vingt-cinq ans à présent, mais elle paraissait plus âgée. « Six ans de mariage et seulement quelques mois d'amour », murmurait-elle toute seule parfois. Et alors elle pensait à la cause visible et disait en regardant, l'air tragique, son bras qui s'atrophiait : « Si seulement je pouvais redevenir comme j'étais quand il m'a vue pour la première fois. »

Elle détruisit docilement ses élixirs de charlatan et ses amulettes, mais elle était encore habitée par un désir ardent d'essayer autre chose, un remède d'un genre complètement différent. Elle n'était jamais retournée voir Trendle depuis qu'elle avait été conduite à la maison

---

8. **neither <u>had she</u>... spoken** : notez la consruction avec **neither** en tête (ou **she had <u>not</u> spoken <u>either</u>**).

9. **five-and-twenty** = (de nos jours) **twenty-five**.

10. **she seemed older** ou **she looked older**.

11. **she murmured to herself** ; **he speaks to himself** : *il parle seul*.

12. **he first saw me** ou **he saw me for the first time**.

13. **obediently** (adv.) ; **obedient** : *obéissant, docile* ; **obey sb** (sans préposition !) : *obéir à qn*.

14. **hankering wish** = **strong wish, strong desire** ; **hanker for** ou **after** : *avoir fortement envie de, soupirer après, rêver de*.

solitary by Rhoda against her will; but it now suddenly occurred[1] to Gertrude that she would, in a last desperate effort at deliverance from[2] this seeming[3] curse, again seek out the man, if he yet lived[4]. He was entitled to[5] a certain credence, for the indistinct form he had raised[6] in the glass had undoubtedly[7] resembled the only woman in the world who – as she now knew, though[8] not then – could have a reason for bearing her ill-will. The visit should be paid.

This time she went alone, though she nearly got lost on the heath, and roamed[9] a considerable distance out of her way[10]. Trendle's house was reached at last[11], however; he was not indoors, and instead of waiting[12] at the cottage she went to where his bent figure was pointed out to her at work a long way off. Trendle remembered her, and laying down the handful[13] of furze-root which he was gathering and throwing into a heap, he offered to accompany her in her homeward direction, as the distance was considerable and the days were short. So[14] they walked together, his head bowed[15] nearly to the earth, and his form of a colour with it[16].

'You can send away warts and other excrescenses, I know,' she said; why can't you send away this? And the arm was uncovered[17].

'You think too much of my powers!' said Trendle; 'and I am old and weak now, too. No, no; it is too much for me to attempt in my own person. What have ye tried?'

She named to him some of the hundred medicaments and counter-spells which she had adopted from time to time.

---

1. **occurred**, du verbe **to occur**, *survenir se produire, se passer* : redoublement du r car l'accent tonique tombe sur la dernière syllabe.

2. **deliverance from**; **deliver sb from sth**.

3. **seeming** : *apparent*.

4. **if he yet lived** = if he still lived, if he was still alive.

5. **be entitled to** : *avoir droit à* ; **this coupon entitles you to a reduction** : *ce bon vous donne droit à une réduction.*

6. **raise** : *faire surgir, faire apparaître.*

7. **undoubtedly** : without doubt, surely, definitely.

8. **though** : *quoique, bien que.*

156

du solitaire par Rhoda, contre la volonté de celle-ci. Mais à présent, l'idée vint soudain à l'esprit de Gertrude que, dans un dernier effort désespéré pour se délivrer de cette malédiction apparente, elle se mettrait de nouveau en quête de cet homme, s'il vivait encore. On pouvait lui accorder une certaine crédibilité, car la vague silhouette qu'il avait fait apparaître dans le verre ressemblait sans nul doute à la seule femme au monde qui (elle le savait maintenant, mais pas alors) pouvait avoir une raison de lui vouloir du mal. Cette visite s'imposait.

Cette fois, elle s'y rendit seule, mais elle faillit se perdre sur la lande et s'écarta considérablement de son chemin. Elle finit cependant par atteindre la maison de Trendle ; il n'était pas chez lui et, au lieu de l'attendre à sa chaumière, elle alla jusqu'à l'endroit éloigné, là où on lui avait indiqué la silhouette de l'homme courbé, occupé à son travail. Trendle se souvint d'elle et, posant à terre la poignée de racines d'ajoncs qu'il ramassait et mettait en tas, il proposa à Gertrude de l'accompagner sur le chemin de son retour, car la distance était considérable et les journées courtes. Ils cheminèrent donc ensemble. Trendle avait la tête penchée presque jusqu'au sol et son profil en avait la couleur.

— Vous êtes capable de chasser les verrues et autres excroissances, je le sais, dit-elle, pourquoi ne pouvez-vous pas me débarrasser de celle-ci ?

Là-dessus, elle découvrit son bras.

— Vous vous faites une trop haute idée de mes pouvoirs ! fit Trendle, et puis je suis vieux et faible maintenant. Non, non, c'est trop pour que je tente la chose moi-même. Qu'est-ce que vous avez essayé ?

Gertrude lui énuméra quelques-uns des cent médicaments et exorcismes dont elle avait usé de temps à autre.

---

9. **roamed** : *errer* ; **roam about the streets** : *errer dans les rues*.

10. **out of her way** : (m. à m.) *hors de son chemin*.

11. **at last** : *enfin* ; **at long last he came** : *il a fini par arriver*.

12. **wait <u>for</u> sb** : *attendre qn*.

13. **handful** : notez la chute d'un l (fu<u>ll</u> of = *plein de*).

14. **so** = **consequently, in consequence, therefore**.

15. **bowed** ou **bent** : *courbé* ; **his head was bowed in thought** : *il méditait, la tête penchée*.

16. **his form of a colour with it** = **his form the same colour as the earth**.

17. <u>un</u>cover mais <u>dis</u>cover : *découvrir* ou *s'apercevoir de*.

He shook his head[1].

'Some were good enough,' he said, approvingly[2]; 'but not many of them for such as this. This is of the nature of a blight, not of the nature of a wound; and if you ever do throw it off, it will be all at once.'

'If I only could!'

'There is only one[3] chance[4] of doing it known to me. It has never failed[5] in kindred[6] afflictions – that l can declare. But it is hard to carry out, and especially for a woman.'

'Tell me!' said she.

'You must touch with the limb the neck of a man who's been hanged[7].'

She started a little at the image he had raised.

'Before he's cold – just after he's cut down,' continued the conjurer, impassively.

'How can that do good?'

'It will turn the blood and change the constitution; But, as I say, to do it is hard[8]. You must get into jail, and wait for him when he's brought off the gallows[9]. Lots have done it, though perhaps not such pretty women as you. I used to send dozens for skin complaints[10]. But that was in former times. The last I sent was in '13 – near[11] twenty years ago.'

He had no more to tell her; and, when he had put her into a straight track homeward, turned and left her, refusing all money, as at first.

---

1. **he shook his head** : emploi de l'adj. possessif devant les n. de parties du corps ou de vêtements : **they came in with their hats on their heads** (notez aussi l'emploi de **with** et du pluriel en anglais ; *ils entrèrent le chapeau sur la tête*).

2. **approvingly** (adv.) : **approve of** sth : *approuver qch*.

3. **one** : *un(e) seul(e) et unique*.

4. **chance** : *possibilité, chance, occasion* ; **lose a chance** : *laisser passer une occasion* ; **stand a chance of doing** sth : *avoir une bonne chance de faire qch*.

5. **fail** : *échouer, ne pas réussir* ; **failure** : *échec*.

Il secoua la tête

— Certains n'étaient pas mauvais, dit-il d'un air approbateur, mais peu d'entre eux convenaient à ce genre de mal. Celui-ci relève d'une dégénérescence maligne, pas d'une blessure, et si jamais vous vous en débarrassez, ce sera d'un seul coup.

— Si seulement je le pouvais !

— Il n'y a qu'un seul moyen de le faire, à ma connaissance. Ç'a toujours marché pour des afflictions de cette nature. Ça, je peux vous l'affirmer. Mais c'est difficile à exécuter, en particulier pour une femme.

— Dites-moi ! fit Gertrude.

— Il faut toucher avec le membre malade le cou d'un homme qui vient d'être pendu.

Gertrude eut un léger sursaut, provoqué par l'image qu'avait évoquée Trendle.

— Avant qu'il soit refroidi. Juste après qu'on a coupé la corde, poursuivit le guérisseur, impassible.

— Comment cela peut-il faire du bien ?

— Cela tourne les sangs et change la constitution. Mais, comme je vous l'ai dit, c'est difficile à faire. Il faut aller à la prison quand il y a une pendaison et attendre l'homme que l'on ramène de la potence. Des tas de gens l'ont fait, mais peut-être pas d'aussi jolies femmes que vous. J'en ai envoyé des douzaines pour des maladies de peau. Mais ça, c'était autrefois. La dernière fois que j'ai envoyé quelqu'un, c'était en 13... il y a près de douze ans.

Il n'avait plus rien à dire à Gertrude et, quand il l'eut mise sur le chemin du retour le plus direct, il se retourna et la quitta, refusant tout argent, comme la première fois.

---

6. **kindred** = **similar** (*analogue, semblable, de la même famille*).

7. **hanged** : tel est le participe passé dans ce sens (*pendre* un homme) du verbe **hang, hung, hung** : *accrocher, suspendre*.

8. **to do it is hard** ou **doing it is hard** (gérondif en position de sujet).

9. **gallows** : (sing. ou pl.) **gallows-bird** : *gibier de potence*.

10. **skin complaint(s)** ou **skin disease**.

11. **near** = **nearly, almost**.

7. A RIDE

The communication sank deep into Gertrude's mind. Her nature was rather a timid[1] one; and probably of all remedies that the white wizard[2] could have suggested there was not one which would have filled her with[3] so much aversion as this, not to speak of[4] the immense obstacles in the way of its adoption.

Casterbridge[5], the county[6] town, was a dozen or fifteen miles off; and though in those days[7], when men were executed for horse-stealing[8], arson, and burglary[9], an assize seldom passed[10] without a hanging, it was not likely that she could get access to the body of the criminal unaided[11]. And the fear of her husband's anger made her reluctant to breathe a word of Trendle's suggestion to him or to anybody about[12] him.

She did nothing for months, and patiently bore her disfigurement as before. But her woman's nature, craving[13] for renewed love, through[14] the medium of renewed beauty (she was but twenty-five), was ever stimulating her to try what, any rate[15], could hardly do her any harm[16]. 'What came by a spell will go by a spell surely,' she would say. Whenever her imagination pictured[17] the act she shrank in terror from the possibility of it; then the words, of the conjurer[2] 'It will turn your blood,' were seen to be capable of a scientific no less than a ghastly interpretation; the mastering[18] desire returned, and urged her on again.

---

1. **a timid one** : **one** sert souvent à éviter la répétition (ici de **nature**) ; **give me the blue book not the red one.**

2. **wizard** = **conjurer** ou **conjuror**, **magician**, **sorcerer**, *sorcier*.

3. **fill with** : *remplir de*.

4. **not to speak of** ou **let alone** : *sans parler de*.

5. **Casterbridge** ; *The Mayor of Casterbridge*, roman de Thomas Hardy publié en 1886.

6. **county** : *comté* (division administrative).

7. **in those days** : notez cet emploi de **days**.

8. **steal, stole, stolen** : *voler, dérober*.

9. **burglary**, de **burglar** : *cambrioleur* ; **to burgle, to burglarize** (US) : *cambrioler, dévaliser*.

10. **passed** = **took place**.

160

7. Voyage à cheval

Cette information se grava profondément dans l'esprit de Gertrude. Celle-ci était d'un naturel plutôt timoré ; et probablement, de tous les remèdes que le praticien de la magie blanche aurait pu suggérer, il n'y en avait pas un seul qui l'aurait remplie d'autant de répulsion que celui-ci, sans parler des immenses obstacles à la façon de le mettre en œuvre.

Casterbridge, chef-lieu du comté, se trouvait à vingt ou vingt-cinq kilomètres de là ; et bien qu'à cette époque où l'on exécutait un homme pour vol de chevaux, incendie criminel et cambriolage, il y eût rarement d'assises sans pendaison, il n'était pas vraisemblable que Gertrude eût pu avoir accès au corps du condamné sans une aide quelconque. Et la crainte de la colère de son mari la retenait de souffler mot à celui-ci ou à quiconque de son entourage de la suggestion que Trendle lui avait faite.

Elle ne fit rien pendant des mois et supporta avec patience sa difformité comme auparavant. Mais sa nature féminine, aspirant de toutes ses forces à l'amour retrouvé par le truchement de la beauté retrouvée (elle n'avait que vingt-cinq ans), la poussait sans cesse à tenter ce qui, de toute façon, ne pouvait lui faire de mal. « Ce qui est venu par un sort sera chassé par un sort, nul doute », se disait-elle. Chaque fois qu'elle s'imaginait cette démarche, elle reculait, terrorisée par la possibilité de l'entreprendre ; alors les paroles du sorcier, « Cela vous tournera les sangs », lui apparaissaient susceptibles d'une interprétation scientifique autant que d'une perspective effroyable ; le désir impérieux s'emparait d'elle à nouveau et la poussait derechef à agir.

---

11. **unaided** = without any aid or help.

12. **about, round** : (ici) *autour de* ; **the trees about the pond**, *les arbres qui entourent l'étang*.

13. **craving** : **crave for** : *avoir un besoin* (maladif ou physiologique) *de* ; **crave for affection** : *avoir soif d'affection*.

14. **through** : *grâce à, à cause de* : **through his own efforts** : *par ses propres efforts*.

15. **at any rate, in any case** : *en tout cas, de toute manière*.

16. <u>**do**</u> **sb harm** : *faire du mal à qn* ; **it will do more harm than good** : *cela fera plus de mal que de bien*.

17. **picture** : *(s')imaginer, (se) représenter* ; **can you picture him as a father?** : *tu l'imagines père ?*

18. **master** : *mater, dompter*.

There was at this time[1] but one county-paper[2], and that[3] her husband only occasionally borrowed. But old-fashioned[4] days had old-fashioned means[5] and news was[6] extensively[7] conveyed[8] by word of mouth from market to market or from fair to fair; so that, whenever such an event as an execution was about to[9] take place, few within a radius of twenty miles were ignorant of the coming sight[10]; and, so far as Holmstoke was concerned, some enthusiasts had been known to walk all the way to Casterbridge and back in one day, solely[11] to witness[12] the spectacle. The next assizes were in March; and when Gertrude Lodge heard that they had been held, she inquired stealthily[13] at the inn as to[14] the result, as soon as she could find opportunity.

She was, however, too late. The time at which the sentences were to be carried out had arrived, and to make the journey[15] and obtain admission at such short notice[16] required[17] at least her husband's assistance. She dared not tell him[18] for she had found by delicate experiment that these smouldering village beliefs[19] made him furious if mentioned[20], partly because he half entertained[21] them himself. It was therefore necessary to wait for another opportunity.

Her determination received a fillip[22] from learning that two epileptic children had attended[23] from this very village of Holmstoke many years before with beneficial results, though the experiment had been strongly condemned by the neighbouring clergy. April, May, June passed; and it is no overstatement[24] to say that by the end of the last-named month Gertrude well-nigh longed for the death of a fellow-creature.

---

1. at this time = in those days.
2. but one (news) paper = only one (news) paper.
3. that = that paper.
4. old-fashioned : *d'autrefois, démodé, traditionnel.*
5. means = method, way.
6. news was... : *les nouvelles étaient...* ; a piece of news : *une nouvelle.*
7. extensively : *beaucoup, considérablement.*
8. convey = transmit.
9. about to exprime un futur imminent ; I've just put on my coat, I'm about to go out : *je viens de mettre mon pardessus, je suis sur le point de sortir.*
10. sight : it's a sad sight : *c'est triste à voir* ; it's not a pretty sight : *ça n'est pas beau à voir.*
11. solely : adv. dérivé de sole (*seul, unique*) ; for the sole purpose of... : *dans le seul but de...*
12. to witness : *être témoin de.*

Il n'y avait à cette époque-là qu'un seul journal dans le comté et le mari de Gertrude ne l'empruntait qu'occasionnellement. Mais, aux temps anciens, anciennes méthodes, et les nouvelles se transmettaient beaucoup de bouche à oreille, de marché en marché ou de foire en foire, si bien que chaque fois qu'un événement comme une exécution allait avoir lieu, peu de gens dans un rayon de trente kilomètres restaient dans l'ignorance du spectacle à venir ; en ce qui concernait Holmstoke, certains enthousiastes étaient connus pour avoir fait, dans la journée, tout le trajet à pied, aller et retour, jusqu'à Casterbridge, uniquement dans le but d'assister au spectacle. Les prochaines assises étaient en mars, et quand Gertrude Lodge avait appris qu'elles avaient été tenues, elle se renseigna en secret à l'auberge sur la conclusion, dès qu'elle put en trouver l'occasion.

Mais il était trop tard. Le moment où la sentence devait être prononcée était déjà arrivé, et entreprendre le voyage et obtenir l'admission dans un délai si court demandaient au moins l'aide de son mari. Elle n'osait pas lui en parler car elle avait découvert, après des tentatives délicates, que ces croyances qui couvaient dans les villages le rendaient furieux lorsqu'il en était question, en partie parce qu'il les partageait plus ou moins lui-même. Gertrude dut donc attendre une autre occasion.

Sa détermination redoubla quand elle apprit que deux enfants épileptiques du village même de Holmstoke s'étaient présentés de nombreuses années plus tôt avec succès, même si l'expérience avait été violemment condamnée par le clergé local. Avril, mai, juin s'écoulèrent et il n'est pas exagéré de dire qu'à la fin du dernier mois cité, Gertrude en était presque à désirer la mort d'un de ses semblables.

---

13. **stealthily** = **secretly, furtively, by stealth**.
14. **as to, about** : *sur, au sujet de*.
15. <u>**make**</u> **the journey** : pas **do** !
16. **at such short notice** : **he rang me up at short notice** : *il m'a téléphoné à la dernière minute*.
17. **require** : *demander, requérir* ; **it requires great care** : *cela demande beaucoup de soins*.
18. **dare**, verbe semi-modal construit ici comme **can, may, must**... mais le plus souvent comme un verbe ordinaire (**she did not dare to tell him**).
19. **belief<u>s</u>** : exception au pluriel en –**ves** des noms terminés par –**f** et –**fe** (*cf.* plus haut).
20. **if (they were) mentioned**.
21. **entertain** = **have in mind**.
22. **fillip** : 1. (ici) *coup de fouet* ; 2. *chiquenaude, pichenette*.
23. **attend** : *assister à, être présent à*.
24. **overstatement** : *exagération* ; **understatement** : *euphémisme*.

Instead of her formal[1] prayers each night, her unconscious prayer was, 'O Lord, hang some guilty[2] or innocent person soon!'

This time she made earlier inquiries, and was altogether more systematic in her proceedings. Moreover, the season was summer, between the haymaking[3] and the harvest, and in the leisure[4] thus afforded[5] her husband had been holiday-taking away from home.

The assizes were in July, and she went to the inn as before. There was to be one execution[6] – only one, for arson.

Her greatest problem was not how to get to Casterbridge, but what means she should adopt for obtaining admission to the jail. Though access for such purposes had formerly[7] never been denied, the custom had fallen into desuetude; and in contemplating[8] her possible difficulties, she was again almost driven[9] to fall back upon[10] her husband. But, on sounding him about the assizes, he was so uncommunicative, so more than usually cold, that she did not proceed, and decided that whatever she did she would do alone.

Fortune, obdurate hitherto[11], showed her unexpected favor. On the Thursday before the Saturday fixed for the execution, Lodge remarked[12] to her that he was going away from home for another day or two on business at a fair, and that he was sorry he could not take her with him.

She exhibited on this occasion so much readiness to stay at home that he looked at her in surprise[13].

---

1. **formal** = official; **formal denial** : *démenti formel/officiel*.
2. **guilty** : *coupable*; **tormented by guilt** : *tourmenté par un sentiment de responsabilité*.
3. **to make hay** : *faire les foins*.
4. **leisure** : *loisir, temps libre*; **in my moments or hours of leisure** : *à mes moments perdus, pendant mes loisirs*.
5. **afford** : *fournir, procurer*; **this will afford me the opportunity to say it** : *cela me donnera l'occasion de le dire*.
6. **there was to be one execution** (cela était prévu) : **be to** + verbe = futur de projet (plan établi à l'avance); **we are to meet at six** : *nous devons nous rencontrer à six heures*.

Au lieu des prières traditionnelles qu'elle récitait chaque soir, elle demandait inconsciemment : « Oh ! Seigneur, pendez vite quelqu'un, qu'il soit coupable ou innocent ! »

Cette fois, elle prit des renseignements plus tôt et se montra nettement plus systématique dans sa façon de procéder. En outre, c'était l'été, entre la fenaison et la moisson, et dans le répit qui lui était ainsi accordé, son mari avait pris des vacances hors de chez lui.

Les assises se tenaient en juillet et Gertrude se rendit à l'auberge comme la fois précédente. Il devait y avoir une exécution, une seule, pour incendie criminel.

Son plus grand problème n'était pas de savoir comment elle se rendrait à Casterbridge, mais quel moyen elle adopterait pour être admise à la prison. Bien que l'accès dans de tels buts n'eût jamais été refusé auparavant, la coutume était tombée en désuétude ; et en envisageant les difficultés éventuelles, elle fut de nouveau presque poussée à recourir à son mari. Mais en le sondant au sujet des assises, il se montra si fermé, tellement plus froid que d'habitude, qu'elle y renonça et décida que tout ce qu'elle ferait, elle le ferait seule.

Le sort, jusque-là inflexible, se montra, contre toute attente, favorable à son égard. Le jeudi précédant le samedi fixé pour l'exécution, Lodge lui annonça qu'il s'absenterait de la maison encore un jour ou deux pour traiter des affaires à une foire et qu'il était désolé de ne pouvoir l'emmener avec lui.

Elle manifesta à cette occasion un tel empressement à rester à la maison qu'il la regarda d'un air surpris.

---

7. **formerly** = before, previously.

8. **to contemplate** = to envisage ; **I contemplate doing it** : *j'envisage de le faire*.

9. **drive sb to do sth** ou **into doing sth** : *pousser qn à faire qch* (aussi **to urge**, déjà utilisé).

10. **fall <u>back</u> on** ou **upon** = turn to sb for help or assistance (changement du sens initial du verbe, opéré par la particule adverbiale).

11. **hitherto** = up to now, till now, until now.

12. **remarked** = said, declared, mentioned ; bien distinguer en anglais les deux verbes **to remark**, *faire une remarque*, et **to notice**, *remarquer*, au sens de *constater*.

13. **in surprise** = surprised.

Time had been when[1] she would have shown deep disappointment[2] at the loss of such a jaunt[3]. However, he lapsed into[4] his usual taciturnity, and on the day named left Holmstoke.

It was now her turn. She at first had thought of driving[5], but on reflection held[6] that driving would not do[7], since[8] it would necessitate her keeping to the turnpike[9]-road, and so increase[10] by tenfold the risk of her ghastly errand being found out. She decided to ride, and avoid the beaten track, notwithstanding that in her husband's stables[11] there was no animal just at present which by any stretch of imagination could be considered a lady's mount, in spite of his promise before marriage to always keep a mare for her. He had, however, many horses, fine ones of their kind; and among the rest was a serviceable creature, an equine Amazon[12], with a back as broad as a sofa, on which Gertrude had occasionally take an airing when unwell[13]. This horse she chose.

On Friday afternoon one of the men brought it round. She was dressed, and before going down looked at her shriveled arm. 'Ah!' she said to it, 'if it had not been for you this terrible ordeal would have been saved me!'

When strapping up[14] the bundle in which she carried a few articles of clothing, she took occasion to say to the servant, 'I take these in case I should not get back to-night from the person I am going to visit. Don't be alarmed if I am not in[15] by ten, and close up[16] the house as usual. I shall be at home tomorrow for certain[17].

---

1. time had been when = there was a time when.
2. disappointment = *déception*; be disappointed in sb, sth : *être déçu par qn, qch*.
3. jaunt = outing.
4. lapse into bad habits : *(re)prendre de mauvaises habitudes*.
5. thought of driving : notez à nouveau la préposition.
6. hold, held, held : (ici) *considérer*; hold sth. to be true : *considérer qch comme vrai*.
7. do : (ici) *convenir, faire l'affaire*; aussi be adequate.
8. since (ici) = because, given that, considering that; why don't you buy it since you're so rich ! : *achète-le donc puisque tu es si riche !*

166

Un temps fut où elle se serait montrée profondément déçue de manquer une telle sortie. Cependant, il retomba dans son mutisme habituel et, le jour dit, il quitta Holmstoke.

C'était à son tour d'agir, à présent. Elle avait d'abord envisagé de voyager en carriole mais, à la réflexion, elle conclut que cela ne conviendrait pas, car ça nécessiterait de rester sur la route à péage et donc de multiplier par dix le risque que soit découverte son horrible démarche. Elle décida d'y aller à cheval et d'éviter les chemins fréquentés, même si dans les écuries de son mari il n'y avait alors aucun animal qu'on pût considérer, avec tous les efforts possibles de l'imagination, comme une monture de dame, cela en dépit de sa promesse, avant leur mariage, de garder toujours une jument pour elle. Il possédait cependant de nombreux chevaux de trait, de beaux spécimens dans leur genre et, parmi les autres, il y avait un animal sûr, une amazone de la race chevaline, au dos large comme un sofa, sur lequel Gertrude avait pris l'air quand elle ne se sentait pas bien. C'est ce cheval qu'elle choisit.

Le vendredi après-midi, l'un des domestiques amena l'animal. Gertrude avait mis sa tenue et, avant de descendre, elle regarda son bras ratatiné. « Ah ! lui dit-elle, sans toi, cette terrible épreuve m'aurait été épargnée ! »

Pendant qu'elle fixait à l'aide d'une sangle le balluchon dans lequel elle emportait quelques vêtements, elle saisit l'occasion de dire au domestique :

— Je prends ceci au cas où je ne rentrerais pas ce soir de chez la personne à laquelle je vais rendre visite. Ne vous inquiétez pas si je ne suis pas revenue à dix heures, et fermez la maison comme d'habitude. Je serai de retour demain, sans faute.

---

9. **turnpike** : *barrière de péage.*
10. **increase** : *augmenter.*
11. **stable(s)** : *écurie* ; **cowshed** : *étable.*
12 **Amazone** = a masculine woman.
13. **when (she was) unwell, when (she was) strapping up** (*cf.* plus bas) : ellipse assez fréquente avec **when** et **while** (*pendant que*).
14. **strapping up** (with a strap, *lanière, courroie, sangle*).
15. **if I am not in** (back in the house). **Is John in** ? **No, he's out** : *Est-ce que John est là ? Non, il est sorti.*
16. **close up** : close for the night or a short time.
17. **for certain** = without fail.

'She meant[1] then to privately tell her husband; the deed[2] accomplished was not like the deed projected. He would almost certainly forgive her.

And then the pretty palpitating Gertrude Lodge went from her husband's homestead[3]; but though her goal was Casterbridge, she did not take the direct route thither through Stickleford. Her cunning[4] course at first was in precisely the opposite direction. As soon as she was out of sight, however, she turned to the left, by a road which led into Egdon, and on entering[5] the heath wheeled round[6], and set out in the true course, due westerly. A more private way down the county could not be imagined; and as to[7] direction, she had merely[8] to keep her horse's head to a point a little to the right of the sun. She knew that she would light upon[9] a furze-cutter or cottager of some sort from time to time, from whom she might correct her bearing[10].

Though the date was comparatively recent, Egdon was much less fragmentary in character than now. The attempts[11] – successful and otherwise[12] – at cultivation on the lower slopes, which intrude[13] and break up the original heath into small detached heaths, had not been carried far; Enclosure Acts had not taken effect, and the banks and fences which now exclude the cattle of those villagers who formerly enjoyed rights of commonage[14] thereon, and the carts of those who had turbary privileges which kept them in firing all the year round, were not erected.

---

1. **mean (meant, meant) to** : intend to, have the intention of + verbe + –ing : he has every intention of doing this : *il a bien l'intention de le faire*.

2. **deed** : *action, acte* ; **to do one's good deed for the day** : *faire sa B. A. quotidienne*.

3. **homestead** : 1. *demeure, maison* (avec dépendances) ; 2. *ferme*.

4. **cunning** : *rusé*.

5. **on entering** : **on** + verbe + –ing exprime la simultanéité entre deux actions (ici **enter** et **wheel round**).

6. **wheeled round** = turned round rather abruptly.

7. **as to** ou **as for**.

8. **merely** : *simplement* ; **mere** (adj.) : **the mere sight of him makes me shiver** : *sa seule vue me fait frissonner*.

Elle avait l'intention d'en parler ensuite à son mari dans l'intimité ; l'action accomplie, c'était autre chose que l'action envisagée. À coup sûr ou presque, il lui pardonnerait.

Et alors la jolie Gertrude Lodge, toute frémissante, quitta la demeure de son époux ; mais bien que sa destination fût Casterbridge, elle ne prit pas pour s'y rendre le chemin direct par Stickleford. Son ingénieux itinéraire la mena d'abord dans la direction complètement opposée. Dès qu'elle fut hors de vue, cependant, elle tourna à gauche par une route qui conduisait à la lande d'Egdon et en y arrivant, elle fit demi-tour brusquement et entama la bonne direction, vers l'ouest. On ne pouvait imaginer chemin plus secret pour traverser le comté ; et quant à l'orientation, il lui suffisait de maintenir la tête de son cheval vers un point situé un peu à droite du soleil. Elle savait qu'elle tomberait de temps en temps sur un coupeur d'ajonc ou un paysan grâce auquel elle pourrait corriger sa route.

Bien que l'époque fût relativement récente, la lande d'Egdon présentait un aspect bien moins fragmenté que de nos jours. Les tentatives – réussies ou non – pour exploiter les pentes les plus basses, qui empiètent sur la lande originelle et la divisent en petites parcelles séparées, n'avaient pas été poussées très loin ; les lois sur la clôture des champs n'avaient pas été suivies d'effet ; les talus et les grillages n'existaient pas, qui excluent de nos jours les bestiaux des villageois jouissant naguère du droit de vaine pâture et les charrettes de ceux nantis du privilège de prendre de la tourbe qui leur assurait le combustible pour toute l'année.

---

9. **light upon** = discover (usually sth good) by chance.

10. **bearing** (terme nautique), **course, direction** : *cap* ; **lose one's bearings** : *être désorienté, perdre le nord.*

11. **attempt(s) at** : notez la préposition ; **to attempt, to try** : *essayer, tenter.*

12. **otherwise** : *autrement* ; **it cannot be otherwise** : *il ne peut en être autrement.*

13. **intrude (upon, on)** : *être importun, s'imposer (à)* ; **intrude on sb's privacy** : *s'immiscer dans la vie privée de qn* ; **am I intruding?** : *est-ce que je (vous) dérange ?*

14. **right(s) of commonage** : *droits de vaine pâture* (droits pour tous les habitants d'une commune de conduire leurs bestiaux sur des terres où il n'y a ni semences ni fruits ; *vain* : ici, *vide* ; **in common** : *en commun.*

Gertrude therefore rode along with no other obstacles than[1] the prickly[2] furze-bushes, the mats of heather, the white[3] watercourses, and the natural steeps and declivities of the ground.

Her horse was sure, if heavy-footed and slow, and though a draught animal[4], was easy-paced[5]; had it been otherwise[6], she was not a woman who could have ventured[7] to ride over such a bit of country with a half-dead arm. It was therefore nearly eight o'clock when she drew rein to breathe her bearer[8] on the last outlying high point of heath-land toward Casterbridge previous to leaving[9] Egdon for the cultivated valleys.

She halted before a pool called Rushy-Pond[10], flanked by the ends of two hedges; a railing ran through the centre of the pond, dividing it in half. Over the railing she saw the low green country; over the green trees the roofs of the town; over the roofs a white flat[11] facade, denoting the entrance to the county-jail. On the roof of this front specks were moving about; they seemed to be workmen erecting something. Her flesh crept[12]. She descended slowly, and was soon amid[13] cornfields and pastures. In another half-hour, when it was almost dusk, Gertrude reached the White Hart[14], the first inn of the town on that side.

Little surprise was excited by her arrival: farmers' wives rode on horseback[15] then[16] more than they do now; though, for that matter, Mrs. Lodge was not imagined to be a wife[17] at all; the inn-keeper supposed her some harum-scarum young woman who had come to attend[18] 'hang-fair' next day.

---

1. no other obstacle(s) *than*.
2. prickle : *épine, piquant* ; to prick : *piquer*.
3. white (with foam) : *blanc* (d'écume).
4. though (it was) a draught animal.
5. easy-paced : easy : *modéré* ; pace : *allure*.
6. had it been otherwise = if it had been otherwise.
7. venture (sans réfléchi en anglais) : *se hasarder*.
8. bearer : *celui qui porte, porteur* (bear, bore, borne).
9. previous to leaving (gérondif) : notez la construction ; previous : *précédent* ; previously : *précédemment*.

En conséquence, Gertrude chevauchait sans rencontrer d'autres obstacles que les bouquets d'ajonc épineux, les tapis de bruyère entremêlée, les cours d'eau blancs d'écume et les raidillons et les descentes naturelles du terrain.

Son cheval était sûr, même s'il avait le pas lourd et traînant ; cheval de trait, il n'en avançait pas moins à une allure convenable ; en eût-il été autrement, Gertrude n'était pas femme à s'aventurer sur pareil terrain avec un bras à demi mort. Il était donc près de huit heures quand elle tira sur ses rênes pour laisser souffler sa monture sur la dernière hauteur isolée de la lande, en direction de Casterbridge, avant de quitter Egdon pour les vallées cultivées.

Elle fit halte devant un étang appelé Rushy-Pond, que flanquaient les extrémités de deux haies ; une grille le traversait en son centre, le partageant en deux parties. Par-dessus la grille, elle aperçut le pays plat et vert, par-dessus les arbres verts, les toits de la ville, par-dessus les toits, une façade blanche et uniforme, qui marquait l'entrée de la prison du comté. Sur le toit de cette façade, des petits points se déplaçaient ici et là ; on aurait dit des ouvriers qui érigeaient quelque chose. Elle en eut la chair de poule. Elle descendit lentement et se trouva bientôt au milieu des champs de blé et des pâturages. Au bout d'une autre demi-heure, presque au crépuscule, Gertrude atteignit le White Hart, la première auberge de ce côté de la ville.

Son arrivée ne provoqua guère de surprise ; à l'époque, les femmes de fermier se déplaçaient à cheval plus qu'elles ne le font aujourd'hui, mais d'ailleurs personne n'imagina le moindrement que Mme Lodge fût mariée ; l'aubergiste supposa qu'il s'agissait de quelque jeune écervelée venue pour assister le lendemain à la « foire au pendu ».

---

10. **Rushy-Pond** : **rushy** vient de **rush** (*jonc*) ; **pond** : *étang, mare*.

11. **flat** : 1. *plat* ; 2. *monotone, sans intérêt*.

12. **her flesh** (*chair*) **crept** ou **it gave her the creeps**.

13. **amid** = **in the midst of, in the middle of**.

14. **the White Hart : hart** (pl. **harts** ou **hart**) : *cerf*.

15. **on horseback** : *à cheval*.

16. **then** = **in those days**.

17. **Mrs Lodge <u>was not imagined to be</u> a wife** : notez cette construction du passif.

18. **to attend** = **to be present at**.

Neither[1] her husband nor herself ever[2] dealt[3] in Casterbridge market, so that she was unknown[4]. While dismounting[5] she beheld a crowd of boys standing at the door of a harness-maker's[6] shop just above the inn, looking inside it with deep interest.

'What is going on there?' she asked of the ostler[7].

'Making the rope for to-morrow.'

She throbbed[8] responsively[9], and contracted her arm.

'Tis sold by the inch[10] afterwards[11],' the man continued. 'I could get you a bit, miss, for nothing, if you'd like?'

She hastily[12] repudiated any such wish, all the more[13] from a curious creeping[14] feeling that the condemned wretch's[15] destiny was becoming interwoven[16] with her own; and having engaged[17] a room for the night, sat down to think.

Up to this time[18] she had formed but the vaguest notions about her means of obtaining access to the prison. The words of the cunning man returned to her mind. He had implied that she should use her beauty, impaired though it was[19], as a pass-key[20]. In her inexperience she knew little about jail functionaries; she had heard of a high-sheriff and an under-sheriff, but dimly[21] only. She knew, however, that there must be a hangman, and to the hangman she determined to apply.

---

1. **neither... nor** : *ni... ni* ; **either... or** : *ou (bien)... ou (bien)*.

2. **ever** et non **never** car il y a déjà les négations **neither** et **nor**.

3. **deal, dealt, dealt** = buy and sell, do business ; **dealer** : *marchand, négociant* ; **arms dealer** : *marchand d'armes*.

4. **unknown (to anybody)** : *inconnu(e) de tous*.

5. **dismount** : *descendre, mettre pied à terre*.

6. **harness-maker** : (m. à m.) : *fabricant de harnais* ; **get back into harness/back to work** : *reprendre le collier*.

7. **ostler** : *palefrenier, valet d'écurie*.

8. **throb** : *palpiter, vibrer*.

9. **responsively** (rendu dans la traduction par *en*) : **responsive** : *qui réagit* (**who responds**).

10. **sell by** ; **sell by the kilo** : *vendre au kilo* ; **pay by the hour** : *payer à l'heure*.

11. **afterwards** : *ensuite, plus tard, par la suite*.

172

Ni elle ni son mari ne faisaient jamais de courses au marché de Casterbridge, si bien qu'elle y était inconnue. En descendant de cheval, elle aperçut, juste plus haut que l'auberge, une bande de jeunes garçons qui se tenaient à la porte de la boutique d'un bourrelier et regardaient à l'intérieur avec grand intérêt.

— Qu'est-ce qui se passe là ? demanda-t-elle au palefrenier.

— On fait la corde pour demain.

Gertrude en trembla d'émotion et contracta son bras.

— Après on la vend au centimètre, poursuivit l'homme. Je pourrais vous en avoir un morceau pour rien, si vous voulez, mademoiselle ?

Gertrude s'empressa de nier tout désir de ce genre, d'autant qu'un étrange sentiment s'insinuait en elle, à savoir que le destin du malheureux condamné commençait à se mêler au sien. Ayant retenu une chambre pour la nuit, elle s'assit pour réfléchir.

Jusqu'alors, elle ne s'était fait qu'une très vague idée de la façon dont elle s'assurerait l'accès à la prison. Les paroles du sorcier lui revinrent à l'esprit. Il avait laissé entendre qu'elle use de sa beauté, si altérée qu'elle fût, pour obtenir l'accès à la prison. Dans son inexpérience, elle ne connaissait pas grand-chose sur les fonctionnaires de prison ; elle avait entendu parler de grand shérif et de shérif-adjoint, mais seulement de façon vague. Elle savait cependant qu'il devait y avoir un bourreau et c'est à ce bourreau qu'elle décida de s'adresser.

---

12. **hastily** : *hâtivement, précipitamment* ; **haste** : *hâte, précipitation* ; **in great haste** : *en toute hâte*.

13. **all the more... that** (aujourd'hui **as**) : *d'autant plus... que*.

14. **creeping**, rendu dans la traduction par *s'insinuait* (*lentement, secrètement*) ; **creep, crept, crept** : *ramper*.

15. **wretch : poor thing** : *pauvre diable, misérable*.

16. **interweave, interwove, interwoven** : *tisser ensemble, entrelacer* ; **weave** : *tisser* ; **weaver** : *tisserand*.

17. **engaged** = booked.

18. **up to this time ; up to now** : *jusqu'à maintenant*.

19. **impaired though it was** : construction équivalant à *si/toute altérée qu'elle fût*.

20. **pass-key** : *passe-partout, passe* ; **key** : *clef*.

21. **dimly** : *vaguement* ; **dim** : 1. *sombre* ; 2. *vague, imprécis*.

8. A WATER-SIDE HERMIT

At this date, and for several years after, there was a hangman to[1] almost every jail. Gertrude found, on inquiry[2], that the Casterbridge official dwelt in a lonely cottage by a deep, slow river flowing under the cliff on which the prison buildings were situate – the stream being the self-same one[3], though[4] she did not know it, which watered the Stickleford and Holmstoke meads lower down in its course.

Having changed her dress, and before she had eaten or drunk – for she could not take her ease till she had ascertained[5] some particulars[6] – Gertrude pursued her way by a path along the waterside to the cottage indicated. Passing thus the outskirts[7] of the jail, she discerned on the level roof over the gateway three rectangular lines against the sky, where the specks had been moving in her distant view; she recognized what the erection was, and passed quickly on[8]. Another hundred yards[9] brought her to the executioner's house, which a boy pointed out. It stood close to the same stream, and was hard by[10] a weir, the waters of which[11] emitted a steady roar.

While she stood hesitating the door opened and an old man came forth, shading[12] a candle with one hand. Locking the door on the outside, he turned to a flight of wooden steps fixed against the end of the cottage, and began to ascend them, this being evidently the staircase to his bedroom[13].

---

1. **there was a hangman to... every jail** : notez cet emploi de **to** ; **six francs to the dollar** : *six francs pour un dollar*.
2. **on inquiry** : *en se renseignant*.
3. **the self-same one** est plus fort que **the same one** (*cf.* la traduction) ; **one**, pronom, évite la répétition de **stream**.
4. **though** : *quoique* (**although**).
5. **ascertain** = **verify, fix, check, settle** (**make certain**).
6. **particulars** (généralement au pl.) : *détails*.
7. **outskirts** : *banlieue* (d'une ville) ; *orée, lisière* (d'une forêt).
8. **on** indique encore ici la continuation.

8. L'ERMITE AU BORD DE LA RIVIÈRE

En ce temps-là et de nombreuses années par la suite, il y avait un bourreau attaché à presque toutes les prisons. Gertrude découvrit, après s'être renseignée, que le fonctionnaire de Casterbridge vivait dans une petite maison isolée au bord d'une rivière paresseuse et profonde qui coulait au pied de la falaise sur laquelle se dressaient les bâtiments de la prison – cette rivière étant (mais elle l'ignorait) celle-là même qui, plus bas dans son cours, arrosait les prairies de Stickleford et de Holmstoke.

Après avoir changé de robe et avant d'avoir mangé ou bu (car elle ne pouvait prendre ses aises tant qu'elle n'avait pas vérifié quelques détails), Gertrude poursuivit son chemin, empruntant, le long de la rivière, un sentier qui conduisait à la petite maison qu'on lui avait indiquée. Passant ainsi aux abords de la prison, elle distingua sur le toit plat, au-dessus du porche, trois lignes formant un triangle qui se détachait sur le ciel, là où, de loin, elle avait vu les petits points noirs qui se déplaçaient ; elle comprit ce qu'on avait érigé là et passa vite son chemin. Cent mètres plus loin, elle atteignit la maison du bourreau, qu'un garçon lui avait indiquée ; elle se trouvait près de la même rivière, toute proche d'un barrage dont les eaux produisaient un grondement régulier.

Alors que Gertrude se tenait là, hésitante, la porte s'ouvrit et un vieil homme sortit, protégeant de sa main la flamme d'une bougie. Verrouillant la porte de l'extérieur, il se tourna vers un escalier de bois appuyé à l'extrémité de la maison et commença de le monter ; de toute évidence, il s'agissait de l'escalier qui menait à sa chambre.

---

9. **another hundred yards** : notez cet emploi de **another** (**a hundred yards more**) ; **in another twenty years** : *dans vingt ans*.

10. **hard by** : **hard**, adv., renforce **by** (*tout près de*).

11. **the waters of which** ou **whose waters** (**whose** remplace de plus en plus **of which** en anglais d'aujourd'hui).

12. **shade** : (ici) *abriter* ; **he shaded his eyes with his hands** : *il s'abrita les yeux de la main* ; **lampshade** : *abat-jour*.

13. **the staircase to his bedroom** = **the staircase that led to his bedroom** ; **lead, led, led** : *mener, conduire*.

175

Gertrude hastened forward[1], but by the time she reached the foot of the ladder[2] he was at the top. She called to him loudly enough to be heard above the roar of the weir; he looked down[3] and said: 'What d'ye want here?'

'To speak to you a minute.'

The candlelight, such as it was[4], fell upon her imploring, pale, upturned face, and Davies (as the hangman was called) backed down the ladder. 'I was just going to bed,' he said; 'Early to bed and early to rise[5],' but I don't mind[6] stopping a minute for such a one as you. Come into the house.' He reopened the door, and preceded her to the room within.

The implements of his daily work, which was that of a jobbing[7] gardener, stood in a corner, and seeing probably that she looked rural, he said: 'If you want me to undertake[8] country work I can't come, for I never leave Casterbridge for gentle[9] nor simple – not I. My real calling[10] is officer of justice,' he added, formally.

'Yes, yes! That's it! To-morrow!'

'Ah! I thought so. Well, what's the matter about that? 'Tis no use to come[11] here about the knot – folks do come continually, but I tell 'em one knot is as merciful[12] as another if ye keep it under the ear. Is the unfortunate man a relation[13]; or, I should say, perhaps' (looking at her dress), 'a person who's been in your employ[14]?'

'No. What time is the execution?'

'The same as usual – twelve o'clock, or as soon after as the London mail-coach gets in.

---

1. **hastened forward** : (m. à m.) *se hâta vers l'avant* ; **to hasten** (*se hâter, s'empresser*) vient de **haste** (*hâte*).

2. **ladder** : *échelle* ; il s'agit vraisemblablement d'une simple échelle de meunier.

3. **look down** : *baisser les yeux* ; **look up** : *lever les yeux*.

4. **such as it was** : (m. à m.) : *telle qu'elle était*.

5. **to rise, rose, risen, to get up** : *se lever* ; *The Sun Also Rises* (titre d'un roman de Hemingway).

6. **mind** : *voir un inconvénient à* ; **do you mind <u>my smoking</u>** ? : *ça ne vous dérange pas que je fume ?* (notez l'emploi du gérondif avec un adj. possessif).

7. **jobbing** : **paid by the job** (*à la tâche*) ou **paid by the day** (*à la journée*).

8. **if you <u>want me to undertake</u>** : **want** suivi de la proposition infinitive (avec **to**) et sujet sous forme de complément (**me**) ; de même **like, prefer, expect**... : **he**

Gertrude s'avança précipitamment mais, le temps d'arriver au pied des marches de bois, l'homme était au sommet. Elle l'appela suffisamment fort pour se faire entendre, malgré le grondement du barrage ; il baissa les yeux vers elle et dit :

— Qu'est-ce que vous me voulez ?

— Vous parler un instant.

La lueur de la bougie, si faible fût-elle, tomba sur le visage pâle, implorant de Gertrude, levé vers Davies (ainsi s'appelait le bourreau), qui redescendit l'échelle.

— J'allais juste me mettre au lit, dit-il, « tôt couché tôt levé » ! mais ça ne me fait rien de m'attarder un peu pour quelqu'un comme vous. Entrez dans la maison.

Il rouvrit la porte et la précéda dans la pièce.

Les outils de son travail quotidien, à savoir celui de jardinier à la tâche, se trouvaient dans un coin et, constatant probablement qu'elle avait l'air d'être de la campagne, il dit :

— Si vous voulez que je fasse des travaux agricoles, je ne peux pas venir car je ne quitte jamais Casterbridge, que ce soit pour des gens chic ou des gens simples. Pas question ! Mon vrai métier, c'est celui d'officier de justice, ajouta-t-il d'un ton solennel.

— Oui, oui ! C'est pour ça… C'est pour demain ! fit Gertrude.

— Ah ! je pensais bien. Bon, de quoi s'agit-il ? C'est inutile de venir ici pour le nœud. Les gens n'arrêtent pas de venir, mais je leur dis qu'un nœud est aussi bénéfique que n'importe quel autre si on le garde sous l'oreille. Est-ce que le malheureux est un parent à vous ou, je devrais dire, peut-être (regardant la tenue de Gertrude) une personne que vous employez à votre service ?

— Non. À quelle heure a lieu l'exécution ?

— Comme d'habitude. Midi ou aussitôt après le passage de la voiture de la malle-poste de Londres.

---

prefers us to come : *il préfère que nous venions* ; **undertake, undertook, undertaken** : *entreprendre, se charger de*.

9. **gentle, wellborn** : *bien né* ; **gentlefolk(s)** : *gens de la bonne société*.

10. **calling = occupation, profession** ; **by calling** : *de son état* ; **a man dedicated to his calling** : *un homme qui se consacre entièrement à son métier*.

11. **'Tis no use to come** : (aujourd'hui) **it's no use <u>coming</u>**.

12. **merciful = full of mercy** (*clémence*).

13. **relation = relative** (*membre de la famille* autre que père et mère ; à ne pas confondre avec **parents** : *père et mère*).

14. **in your employ** : *à votre service*.

We always wait for that, in case of a reprieve[1].'

'Oh – a reprieve – I hope not!' she said, involuntarily[2].

'Well – he, he! – as a matter of business, so do I[3]! But still, if ever a young fellow deserved to be let off[4], this one does; only just turned eighteen, and only present by chance when the rick was fired. Howsoever, there's not much risk of it, as they are obliged to make an example of him, there having been so much destruction of property that way[5] lately[6].'

'I mean,' she explained, 'that I want to touch him for a charm, a cure of an affliction, by the advice of a man who has proved the virtue of the remedy.'

'Oh yes, miss! Now I understand. I've had such people come in past years. But it didn't strike[7] me that you looked of a sort to require blood-turning. What's the complaint[8]? The wrong kind for this, I'll be bound[9].'

'My arm.' She reluctantly showed the withered skin.

'Ah! 'tis all a-scram[10]!' said the hangman, examining it.

'Yes,' said she.

'Well,' he continued, with interest, 'that *is* the class[11] o' subject, I'm bound[12] to admit! I like the look[13] of the wownd[14]; it is truly as suitable[15] for the cure as any I ever saw. 'Twas a knowing[16] man that sent 'ee[17], whoever he was.'

'You can contrive[18] for me all that's necessary?' she said, breathlessly.

---

1. **to reprieve** : *accorder une grâce, surseoir à l'exécution.*

2. <u>in</u>voluntarily : se méfier du choix entre **in** et **un** pour former des contraires (les Anglais s'y trompent parfois !)

3. **so do I (hope)** : équivalent de « *moi aussi, elle aussi...* » : **so** + auxiliaire + sujet ; **John came, so did Peter** ; tournure exprimant le contraire : **John did not come, <u>neither did Peter</u>** : *Jean n'est pas venu, Pierre non plus.*

4. **let off** : la particule adverbiale modifie ici encore le sens du verbe **let, let, let** (*laisser, permettre*) ; **I'll let you off this time** : *je vous fais grâce/je ferme les yeux cette fois.*

5. **way** = manner, method, means.

6. **lately** = recently, of late.

7. **strike, struck, struck** : *frapper.*

8. **complaint** : *maladie, affection* ; **a heart complaint** : *une maladie de cœur* ; **bowel complaint** : *affection intestinale.*

9. **I'll be bound** = I'm sure, I'm certain ; **she's up to no good, I'll be bound** : *je parie qu'elle ne mijote rien de bon* ; **he's bound to apologize** : *il ne va pas manquer de s'excuser.*

10. **a-scram** : (régionalisme) withered, paralysed (as with cold).

178

Nous l'attendons toujours, au cas où il y aurait une grâce.

— Oh ! une grâce. J'espère que non ! dit Gertrude sans le vouloir.

— Eh bien !... Hi ! hi ! Moi aussi, pour ce qui est de mes affaires. Mais quand même, si un jeune gars a jamais mérité d'être gracié, c'est bien lui. Il vient juste d'avoir dix-huit ans et c'est seulement par hasard qu'il se trouvait sur les lieux quand on a mis le feu à la meule. De toute façon, il n'y a pas grand risque de sursis puisqu'ils sont obligés de le punir pour l'exemple, étant donné qu'il y a eu tant de destructions de propriétés par ce moyen, ces derniers temps.

— Je veux dire, expliqua-t-elle, que je veux le toucher pour un sort, pour la guérison d'un mal, sur les conseils d'un homme qui a vérifié les vertus de ce remède.

— Ah ! bon, mademoiselle, maintenant je comprends. J'ai eu des gens comme vous qui sont venus me voir dans le passé. Mais vous ne m'avez pas frappé comme étant du genre de personne à avoir besoin qu'on lui tourne les sangs. De quel mal souffrez-vous ? D'un mal qui ne relève pas de ça, je parie.

— C'est de mon bras qu'il s'agit. (À contrecœur, elle lui en montra la peau flétrie).

— Ah ! il est tout racorni ! dit le bourreau en l'examinant.

— Oui, fit-elle.

— Eh bien, poursuivit l'homme, intéressé, ça entre exactement dans la catégorie de problèmes dont je m'occupe, je dois le reconnaître ! Elle me plaît, cette blessure. Elle se prête vraiment à la guérison autant que tout ce que j'ai jamais vu. Il s'y connaissait, celui qui vous a envoyée, quel qu'il soit.

— Vous pouvez arranger tout ce qu'il faut pour moi ? demanda-t-elle, haletante.

---

11. **that *is* the class...** : dans un texte imprimé, l'italique sert à marquer l'insistance (d'où *exactement* dans la traduction) ; à l'oral, la voix portera plus fortement sur **is**.

12. **bound** : (adj.) *obligé* ; **I am bound to confess that...** : *je suis forcé d'avouer que...* ; **you are not bound to do it** : *vous n'êtes pas obligé de le faire*.

13. **look** = **appearance, aspect**.

14. **wownd** : déformation de « **wound** » illustrant l'accent du bourreau.

15. **suitable** : *approprié, qui convient*.

16. **knowing** : **competent, qualified, expert**.

17. **'ee = thee** (c. o. d.) : *te* ; **thou** (sujet) : *tu*. Ne subsiste aujourd'hui que **you**, bien évidemment.

18. **contrive** : *combiner, inventer* ; **contrive a means of doing sth** : *trouver un moyen de faire qch* ; **contrivance** : *invention, combinaison*.

'You should really have gone to the governor of the jail, and your doctor with 'ee, and given your name and address – that's how it used to be done, if I recollect[1]. Still, perhaps I can manage it for a trifling[2] fee[3].'

'Oh, thank you! I would rather do it this way[4], as I should like it kept private.'

'Lover not to know[5], eh?'

'No – husband.'

'Aha! Very well. I'll get 'ee a touch of the corpse.'

'Where is it now?' she said, shuddering.

'It – he, you mean; he's living yet[6]. Just inside that little small winder up there in the glum.' He signified the jail[7] on the cliff above.

She thought of her husband and her friends. 'Yes, of course,' she said; 'and how am I to proceed?'

He took her to the door. 'Now, do you be waiting at the little wicket in the wall, that you'll find up there in the lane, not later than one o'clock. I will open it from the inside, as I shan't come home for dinner till he's cut down. Good-night. Be punctual; and if you don't want anybody to know[8] 'ee, wear a veil. Ah, once[9] I had such a daughter as you!'

She went away, and climbed the path above, to assure herself that she would be able to find the wicket next day. Its outline was soon visible to her – a narrow opening in the outer[10] wall of the prison precincts. The steep was so great that, having reached the wicket, she stopped a moment to breathe;

---

1. recollect = remember, recall; recollection : *souvenir*; to the best of my recollection : *autant que je m'en souvienne*.

2. trifling : small, insignificant.

3. fee : (m. à m.) *honoraires, cachet*; what is his fee? : *combien prend-il?*

4. this way (means, method) : *de cette manière*.

5. lover (is) not to know : notez ce sens de be to + verbe (*cf.* traduction); de même, huit lignes plus bas : 'how am I to proceed?'

6. he's living yet = he's still living, he's still alive.

7. he signified the jail = he meant the jail.

8. if you don't want anybody to know ou if you want nobody to know.

9. once : there was once upon a time : *il était une fois*.

10. out<u>er</u> opposé à inn<u>er</u>, *intérieur* (comparatif s'agissant de deux).

180

— À vrai dire, vous auriez dû aller voir le directeur de la prison, accompagnée de votre médecin, et lui donner vos nom et adresse. C'est comme ça que ça se faisait autrefois, si je me souviens bien. Mais peut-être que je vais pouvoir vous arranger ça, moyennant une petite rétribution.

— Oh! merci. Je préférerais que ça se passe comme ça, car je voudrais que ça ne se sache pas.

— Un amoureux qui ne doit pas le savoir, hein?

— Non... mon mari.

— Ah! Ah! très bien. Je vous ferai toucher le cadavre.

— Où se trouve-il maintenant? dit-elle, parcourue de frissons.

— Le cadavre?... Le jeune homme, vous voulez dire. Il est encore vivant. Juste derrière cette toute petite fenêtre là-haut, dans le noir. (Il signifiait par là la prison, située là-haut sur la colline.)

Gertrude pensa à son mari et à ses amies.

— Oui, bien sûr, dit-elle, et comment dois-je procéder?

Il la conduisit jusqu'à la porte.

— Bien, dit-il, attendez-moi sans faute au petit portillon qu'il y a dans le mur, que vous verrez là-haut sur le chemin. Pas plus tard qu'à une heure. Je l'ouvrirai de l'intérieur puisque je ne rentrerai pas manger chez moi avant qu'on n'ait dépendu le corps. Soyez à l'heure. Bonsoir. Et si vous voulez que personne ne vous reconnaisse, portez une voilette. Ah! autrefois j'avais une fille comme vous!

Gertrude s'en alla, gravit le sentier qui se trouvait plus haut afin de s'assurer de pouvoir trouver le portillon le lendemain. Elle en vit bientôt les contours – une étroite ouverture percée dans le mur extérieur de l'enceinte de la prison. La pente était si raide que, ayant atteint le portillon, elle s'arrêta quelques instants pour reprendre son souffle;

and looking back upon the waterside cot[1], saw the hangman again ascending his outdoor staircase. He entered the loft, or chamber, to which it led and in a few minutes extinguished his light.

The town clock struck ten, and she returned to the White Hart as she had come.

9. A RENCOUNTER[2]

It was one o'clock on Saturday. Gertrude Lodge, having been admitted to the jail as above described, was sitting[3] in a waiting-room[4] within the second gate, which stood under a classic archway of ashler, then comparatively modern and bearing[5] the inscription, 'COVNTY JAIL: 1793.' This had been the facade she saw[6] from the heath the day before. Near at hand was a passage to the roof on which the gallows stood

The town was thronged[7] and the market suspended; but Gertrude had seen scarcely[8] a soul. Having kept[9] her room till the hour of the appointment, she had proceeded[10] to the spot by a way which avoided the open[11] space below the cliff where the spectators had gathered[12]; but she could, even now, hear the multitudinous babble[13] of their voices, out of which rose at intervals, the hoarse croak of a single[14] voice, uttering the words: 'Last dying[15] speech and confession!'

---

1. **cot** pour **cottage** ici ; par ailleurs **cot** : *lit d'enfant, petit lit*.

2. **rencounter**, formé à partir de **encounter** : *rencontre (inattendue)* ; **to encounter** : *rencontrer (à l'improviste), tomber sur*.

3. **sitting** (**sit, sat, sat**) ou *seated*.

4. **waiting-room** : *salle d'attente*.

5. **bearing** : notez cet emploi de **bear** (*porter inscription, marque, trace...*).

6. **the facade (which) she saw** : suppression très fréquente (de même de **whom**) en position de c. o. d.

7. **throng** : **people thronged the streets** : *la foule se pressait dans les rues* ; **throng** (n.) : *foule, multitude*.

et, se retournant pour voir la chaumière au bord de l'eau, elle aperçut le bourreau qui remontait son escalier extérieur. Il entra dans le grenier ou la chambre où conduisait cet escalier et, quelques minutes plus tard, il éteignit sa bougie.

L'horloge de la ville sonna dix heures et Gertrude retourna au White Hart par le chemin qu'elle avait déjà emprunté.

9. Retrouvailles

Il était une heure, le samedi. Gertrude Lodge, ayant été admise à la prison de la façon décrite plus haut, était assise dans un parloir auquel donnait accès la seconde porte, située sous une voûte en pierre de taille, de style classique, relativement moderne alors, et portant l'inscription : « PRISON DU COMTÉ : 1793 ». C'était cette façade qu'elle avait vue la veille depuis la lande. Tout près se trouvait un passage menant au toit sur lequel était dressée la potence.

La ville grouillait de monde et le marché avait été interrompu ; mais Gertrude n'avait guère rencontré âme qui vive. Étant restée dans sa chambre jusqu'à l'heure du rendez-vous, elle s'était rendue à l'endroit convenu en empruntant un itinéraire qui permettait d'éviter l'espace découvert, au pied de la falaise, où les spectateurs s'étaient rassemblés ; cependant, même maintenant, elle entendait le caquetage incessant de la foule d'où s'élevait par intervalles le croassement rauque d'une voix isolée prononçant ces mots : « Dernières paroles et confession du condamné ! »

---

8. **scarcely** = **hardly, barely** : *à peine*.
9. **kept** : **a nasty cold kept him in bed** : *un mauvais rhume l'a forcé à rester au lit, /à garder le lit* ; **keep, kept, kept**.
10. **proceed** : (ici) **move along** : *avancer*.
11. **open** : (ici) *ouvert, dégagé* ; **in open country** : *en rase campagne* ; **patch of open country** : *clairière*.
12. **gather** = **assemble** (sans pronom réfléchi) : *se rassembler*.
13. **babble** : **a babble of voices** : *un brouhaha de voix*.
14. **single** : *seul, unique*.
15. **dying** : **to die** : *mourir* (notez la modification orthographique).

There had been no reprieve, and the execution was over; but the crowd still waited to see the body taken down.

Soon the persistent girl heard a trampling[1] overhead, then a hand beckoned[2] to her, and, following directions[3], she went out and crossed the inner paved court beyond the gate-house, her knees trembling so that she could scarcely[4] walk. One of her arms was out of its sleeve, and only covered by her shawl.

On the spot to which she had now arrived were two trestles, and before she could think of their purpose[5] she heard heavy feet descending stairs somewhere at her back. Turn her head she would not, or could not, and, rigid in this position, she was conscious of a rough[6] coffin passing her shoulder, borne[7] by four men. It was open, and in it lay the body of a young man, wearing the smock-frock of a rustic, and fustian breeches. The corpse[8] had been thrown into the coffin so hastily that the skirt[9] of the smock-frock was hanging over.

The burden was temporarily deposited on the trestles.

By this time the young woman's state was such that a gray mist seemed to float before her eyes, on account of[10] which, and the veil she wore[11], she could scarcely discern anything; it was as though she had died but was held up[12] by a sort of galvanism.

'Now,' said a voice close at hand[13], and she was just conscious that it had been addressed to her.

---

1. <u>a</u> trampling : gérondif ou n. verbal; **trample** : *piétiner*.
2. **beckon** : he beckoned to her to follow him : *il lui a fait signe de le suivre*.
3. **directions** : *instructions, indications*.
4. **scarcely** : hardly, barely : *guère, à peine*.
5. **purpose** : *objet, but*; what is the purpose of this tool? : *à quoi sert cet outil ?*
6. **rough** : imperfect, rudimentary : *rude, grossier*.
7. **borne** avec un e dans ce sens (*porté, transporté*) mais **I was <u>born</u> on December 12th** : *je suis né le 12 décembre*.
8. **corpse** = dead body : cadavre.
9. **skirt** : 1. (ici) *basque, pan* (de vêtement) ; 2. *jupe*.
10. **on account of** : *à cause de*.
11. **the veil (which) she wore**.
12. **hold, held, held** : *tenir*; **hold up** : *soutenir*.
13. **close at hand** : *tout près*.

Il n'y avait pas eu de grâce et l'exécution était achevée, mais la foule attendait toujours afin de voir détacher le corps.

Bientôt, Gertrude, résolue, entendit piétiner au-dessus d'elle, puis une main lui fit signe et, suivant les directives, elle sortit et traversa la cour intérieure pavée, au-delà du corps de garde, les genoux tremblant au point qu'elle pouvait à peine marcher. Un de ses bras, sorti de sa manche, n'était couvert que de son châle.

À l'endroit où elle était arrivée à présent, se trouvaient deux tréteaux et, avant qu'elle eût le temps de se demander à quoi ils étaient destinés, elle entendit des pas pesants descendant l'escalier quelque part derrière elle. Tourner la tête, elle ne le voulait ou ne le pouvait et, pétrifiée dans cette position, elle prit conscience qu'un cercueil grossièrement façonné passait au niveau de son épaule, porté par quatre hommes. Il était ouvert et, à l'intérieur, reposait le corps d'un jeune homme portant une blouse de paysan et un pantalon de futaine. Le cadavre avait été jeté dans la bière avec une telle précipitation que les pans de la blouse en dépassaient. Le fardeau fut temporairement installé sur les tréteaux.

À ce stade, l'état de la jeune femme était tel qu'un brouillard gris semblait lui flotter devant les yeux ; à cause de cela et de la voilette qu'elle portait, elle pouvait à peine discerner quoi que ce fût ; on eût dit qu'elle était presque morte, mais, galvanisée en quelque sorte, elle demeurait debout.

— Maintenant ! fit une voix toute proche.

Gertrude se rendit tout juste compte que ce mot lui était adressé.

By a last strenuous[1] effort she advanced, at the same time hearing persons approaching behind her. She bared[2] her poor curst[3] arm; and Davies, uncovering the dead man's face, took her hand and held it so that the arm lay across the neck of the corpse, upon a line the colour of an unripe[4] blackberry which surrounded it.

Gertrude shrieked; 'the turn o' the blood,' predicted by the conjurer, had taken place[5]. But at that moment a second shriek rent[6] the air of the enclosure[7]: it was not Gertrude's[8], and its effect upon her was to make her start[9] round.

Immediately behind her stood Rhoda Brook, her face drawn and her eyes red with weeping[10]. Behind Rhoda stood her own husband; his countenance lined, his eyes dim, but without a tear[11].

'D—n you[12]! what are you doing here?' he said, hoarsely.

'Hussy – to come between us and our child now!' cried Rhoda. 'This is the meaning of what Satan showed me in the vision! You are like her at last!' And clutching the bare arm of the younger woman, she pulled her unresistingly back against the wall. Immediately Brook had loosened[13] her hold[14] the fragile young Gertrude slid[15] down against the feet of her husband. When he lifted her up she was unconscious.

The mere sight of the twain had been enough to suggest to her that the dead young man was Rhoda's son. At that time the relatives of an executed convict[16] had the privilege of claiming the body for burial[17], if they chose to do so; and it was for this purpose that Lodge was awaiting[18] the inquest[19] with Rhoda.

---

1. strenuous = energetic, ardently persistent.

2. bare : *mettre à nu*; bare one's head : *se découvrir (la tête)*; bare (adj.) = naked : *nu*; bare to the waist : *nu jusqu'à la ceinture*.

3. curst = cursed : *maudit, satané*; to curse : *maudire*.

4. unripe : *pas mûr*.

5. had taken place : (m. à m.) *avait eu lieu*.

6. rend, rent, rent : *fendre, déchirer* ; to rend sb's heart : *fendre le cœur à qn*.

7. enclosure = precincts (employé plus haut).

8. Gertrude's (shriek) : génitif incomplet qui évite une répétition (correspondant de « *celui de, ceux de, celle(s) de* »).

9. start : *sursauter, tressaillir* (d'où *brusquement* dans la traduction).

10. weeping : nom verbal, action de *pleurer* (weep, wept, wept).

186

Au prix d'un dernier effort acharné, elle s'avança et, en même temps, elle entendit des gens qui s'approchaient derrière elle. Elle mit à nu son pauvre bras maudit. Davies, découvrant le visage du cadavre, prit la main de Gertrude et la tint de manière que son bras repose en travers du cou du mort, le long d'une ligne qui en faisait le tour, de la couleur d'une mûre encore verte.

Gertude poussa un cri perçant : on lui avait « tourné les sangs », comme l'avait prédit le sorcier. Mais au même instant, un second cri déchira l'air de l'enceinte : il ne fut pas lâché par Gertrude, mais il eut pour effet de la faire se retourner brusquement.

Juste derrière elle se tenait Rhoda Brook, les traits tirés, les yeux rougis par les pleurs. Derrière Rhoda se trouvait son mari en personne, le visage marqué de rides, l'œil sombre mais sec.

— Scélérate ! Qu'est-ce que tu fais ici ? dit-il d'une voix rauque.

— Garce ! venir vous interposer entre notre enfant et nous à un moment pareil ! s'écria Rhoda. Voilà donc le sens de ce que Satan m'a montré au cours de ma vision ! Vous lui ressemblez enfin !

Et saisissant le bras nu de la jeune femme, elle l'attira contre le mur sans rencontrer de résistance. Dès que Rhoda Brook eut relâché son étreinte, la jeune et fragile Gertrude s'effondra aux pieds du mari. Quand celui-ci la releva elle était inconsciente.

La seule vue de ces deux personnes avait suffi à lui faire comprendre que le jeune homme mort était le fils de Rhoda. À cette époque, la famille d'un condamné à mort jouissait du privilège de réclamer le corps pour l'enterrer, si elle le souhaitait ; et c'est dans ce but que Lodge attendait l'enquête de l'officier judiciaire, accompagné de Rhoda.

---

11. **without a tear** : (m. à m.) *sans une larme.*

12. **D—n you!** = **Damn you!** : (m. à m.) *Que vous soyez maudit !*

13. **loosen** : *desserrer, relâcher* ; **loose** : *desserré, qui a du jeu* (à ne pas confondre avec **to lose** : *perdre*).

14. **hold** = **grasp** : *prise, étreinte* ; **hold, held, held** : *tenir.*

15. **slide, slid, slid** : *glisser.*

16. **convict** : *prisonnier, détenu.*

17. **burial** : *enterrement, inhumation.*

18. **await** : verbe transitif mais **wait for** (*attendre*).

19. **inquest** : *l'enquête* du **coroner** (officier chargé de déterminer les causes d'un décès en cas de mort violente ou suspecte).

He had been summoned[1] by her as soon as the young man was taken in the crime, and at different times since; and he had attended in court during the trial. This was the 'holiday' he had been indulging in[2] of late. The two wretched parents had wished to avoid exposure[3]; and hence[4] had come themselves for the body, a wagon and a sheet for its conveyance and covering being in waiting outside.

Gertrude's case was so serious that it was deemed advisable[5] to call to her the surgeon who was at hand[6]. She was taken out of the jail into the town; but she never reached home[7] alive. Her delicate vitality, sapped perhaps by the paralyzed arm, collapsed[8] under the double shock that followed the severe strain, physical and mental, to which she had subjected herself during the previous[9] twenty-four hours. Her blood had been 'turned' indeed – too far. Her death took place in the town three days after.

Her husband was never seen in Casterbridge again; once only in the old market-place of Anglebury; which he had so much frequented, and very seldom[10] in public anywhere. Burdened[11] at first with moodiness[12] and remorse, he eventually[13] changed for the better[14], and appeared as a chastened and thoughtful man. Soon after attending the funeral of his poor young wife, he took steps toward[15] giving up the farms in Holmstoke and the adjoining parish, and, having sold every head of his stock, he went away to Port-Bredy, at the other end of the county, living there in solitary lodgings[16] till his death, two years later, of a painless decline.

---

1. **summon** : *convoquer, faire venir, appeler.*
2. **indulging in** : **to indulge in sth** : *se permettre qch, se payer le luxe de qch.*
3. **exposure** : *exposition, étalage.*
4. **hence** : *d'où, de là, à cause de cela, par suite de cela.*
5. **advisable** : *sage, recommandable, opportun* ; **to advise** : *conseiller.*
6. **at hand** : *sous la main, tout proche, tout près.*
7. **reach** : *atteindre* ; **reached home** : notez encore l'absence de préposition.
8. **collapse** : *s'écrouler, s'effondrer* ; **the collapse of the Berlin wall** : *la chute du mur de Berlin.*
9. **previous** : *précédent, antérieur* ; **previous to** (adv.) : **previous to his leaving, we told him that...**, *avant son départ, nous lui avons dit que...*

Celle-ci l'avait fait venir dès que le jeune homme avait été mêlé à cette affaire criminelle, puis à différentes reprises depuis ; il avait été présent au tribunal pendant le procès. C'était cela les « vacances » qu'il s'était offertes récemment. Les deux malheureux parents avaient voulu éviter que leur fils soit exposé aux yeux de tous et, en conséquence, ils étaient venus en personne chercher le corps, un chariot pour le transport et un drap pour couvrir le cadavre attendant au-dehors.

L'état de Gertrude était si grave qu'on jugea bon d'appeler à son chevet le médecin le plus proche. On l'emmena de la prison à la ville, mais elle ne retrouva jamais vivante sa maison. Ses forces vitales fragiles, minées peut-être par son bras paralysé, s'effondrèrent sous le double choc qui suivit la tension sévère, physique et mentale, à laquelle elle s'était soumise au cours des dernières vingt-quatre heures. « Les sangs lui avaient tourné », en effet, mais trop. Sa mort survint dans la ville trois jours plus tard.

On ne revit plus jamais son mari à Casterbridge ; on l'aperçut une fois seulement sur la vieille place du marché d'Anglebury, qu'il avait fréquentée avec tant d'assiduité, et très rarement en public ailleurs. D'abord d'humeur maussade et accablé de remords, il finit par s'améliorer et donna l'impression d'un homme assagi et réfléchi. Peu de temps après avoir assisté aux obsèques de sa pauvre jeune épouse, il entreprit des démarches pour abandonner les fermes de Holmstoke et de la commune voisine et, ayant vendu toutes les bêtes de son cheptel, il partit pour Port-Bredy, à l'autre bout du comté, et y vécut seul dans un meublé jusqu'à sa mort, ayant succombé à un déclin sans douleur.

---

10. **seldom** = *rarely*.

11. **burdened... with** : *chargé de, accablé de* ; **to burden the people with taxes** : *accabler le peuple d'impôts*.

12. **moodiness** : *humeur changeante* ou *humeur maussade*.

13. **eventually** : (faux ami) *finalement* ; **he eventually agreed that she was right** : *il a fini par admettre qu'elle avait raison*.

14. **the better** (nom ici) : **for better or for worse** : *pour le meilleur ou pour le pire*.

15. **step(s)** (*disposition/s, mesure/s*) **toward(s)** (*dans le but de, pour*) ; **he is saving money towards a new car** : *il fait des économies pour acheter une nouvelle voiture*.

16. **lodgings** = **look for lodgings** : *chercher une chambre meublée/un logement meublé*.

It was then found that he had bequeathed[1] the whole[2] of his not inconsiderable property to a reformatory[3] for boys, subject to the payment of a small annuity to Rhoda Brook, if she could be found to claim it.

For some time she could not be found; but eventually she reappeared in her old parish – absolutely refusing, however, to have anything to do with[4] the provision[5] made for her. Her monotonous milking[6] at the dairy was resumed, and followed for many long years, till her form became bent[7] and her once abundant dark hair white and worn away[8] at the forehead – perhaps by long pressure against the cows.

Here, sometimes, those who knew her experiences would[9] stand and observe[10] her, and wonder what somber thoughts were beating[11] inside that impassive, wrinkled brow[12], to the rhythm of the alternating milk-streams[13].

---

1. bequeath : leave one's fortune to sb... by will (*testament*).
2. the whole (n.) = the entirety; in its entirety : *intégralement*.
3. reformatory ou borstal.
4. to do with : I have nothing to do with that : *je n'ai rien à voir avec ça*.
5. provision : *disposition, clause*.
6. her... milking : gérondif ou n. verbal avec adj. possessif.
7. bend, bent, bent : *courber*.
8. worn away : (m. à m.) *dégradé, usé, rongé*.

On découvrit alors qu'il avait légué toute sa fortune, considérable, à une maison de redressement pour jeunes garçons, sous réserve du paiement d'une petite annuité versée à Rhoda Brook, si on pouvait la retrouver pour qu'elle la réclame.

Pendant quelque temps on n'y parvint pas, mais finalement elle fit sa réapparition dans son ancienne commune, mais elle refusait absolument d'avoir quoi que ce fût à faire avec la mesure de prévoyance qui avait été prise pour elle. Elle reprit sa tâche monotone à la laiterie et la poursuivit pendant de nombreuses longues années et puis son corps se voûta, ses cheveux, naguère noirs et abondants, se mirent à blanchir et s'éclaircir sur le devant, peut-être à force d'avoir frotté contre les vaches.

Et là, parfois, ceux qui étaient au courant des expériences qu'elle avait vécues restaient à l'observer en se demandant quelles sombres pensées s'agitaient derrière ce front ridé et impassible, au rythme alterné de la traite.

---

9. **would** exprime ici une habitude répétée dans le passé (forme fréquentative) ; **he would read every morning, he would walk every afternoon** : *il lisait tous les matins, il marchait tous les après-midi*.

10. **stand and observe her** : notez cet usage de **and**, fréquent en anglais pour relier deux verbes ; **come and see me** : *venez me voir*.

11. **beating** : beat, beat, beaten : *taper, cogner*.

12. **brow** : beaucoup moins employé que **forehead** (*front*) ; **eyebrow** : *sourcil*.

13. **stream** : *flot, jet*.

Imprimé en France par

CPI
BRODARD & TAUPIN

à La Flèche (Sarthe)
en février 2011

POCKET – 12, avenue d'Italie - 75627 Paris cedex 13

N° d'impression : 62777
Dépôt légal : mars 2011
S19815/01